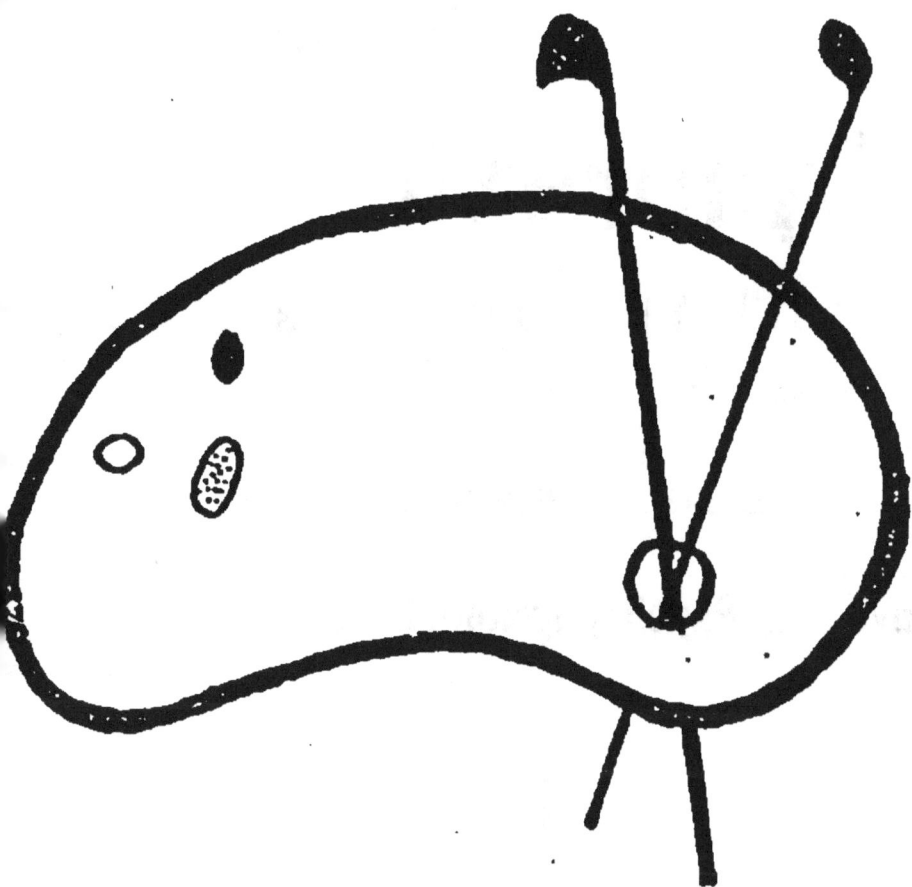

DEBUT D'UNE SERIE DE DOCUMENTS
EN COULEUR

Docteur G. NOGUÈS

L'Anorexie Mentale

SES RAPPORTS

avec la Psychophysiologie de la Faim

TOULOUSE

Ch. DIRION, LIBRAIRE-ÉDITEUR

22, rue de Metz et rue des Marchands, 33

1913

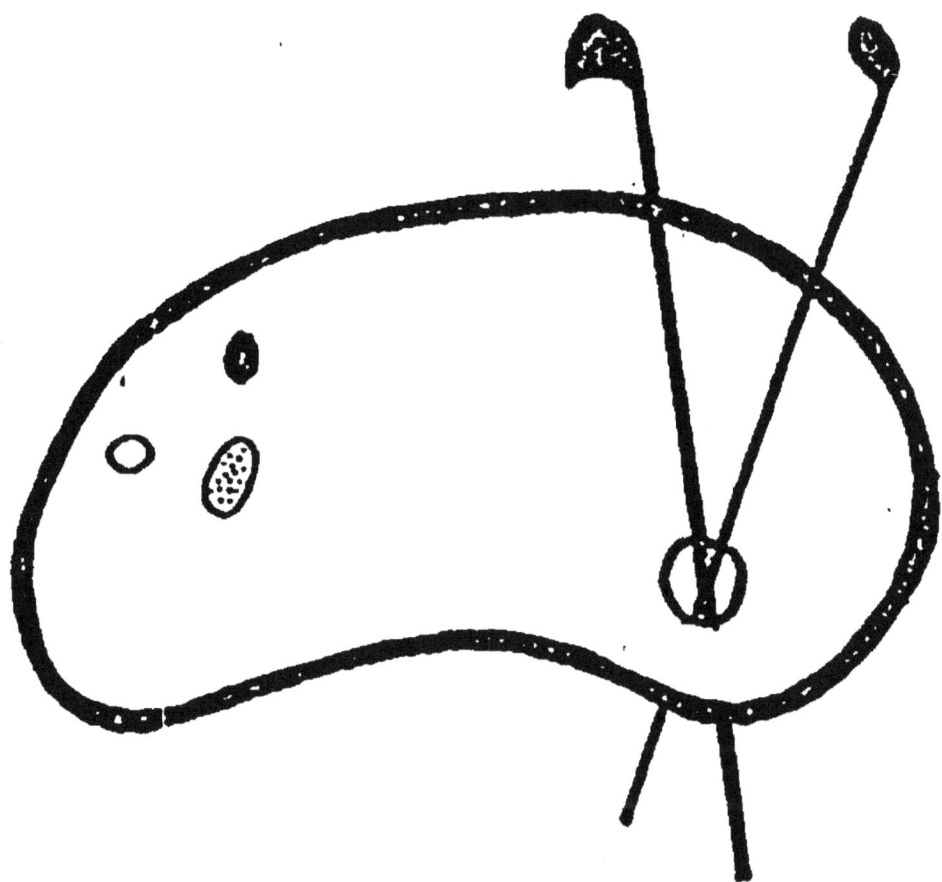

FIN D'UNE SERIE DE DOCUMENTS
EN COULEUR

Docteur G. NOGUÈS

L'Anorexie Mentale

SES RAPPORTS

avec la Psychophysiologie de la Faim

TOULOUSE

CH. DIRION, LIBRAIRE-ÉDITEUR

22, rue de Metz et rue des Marchands ,33

—

1913

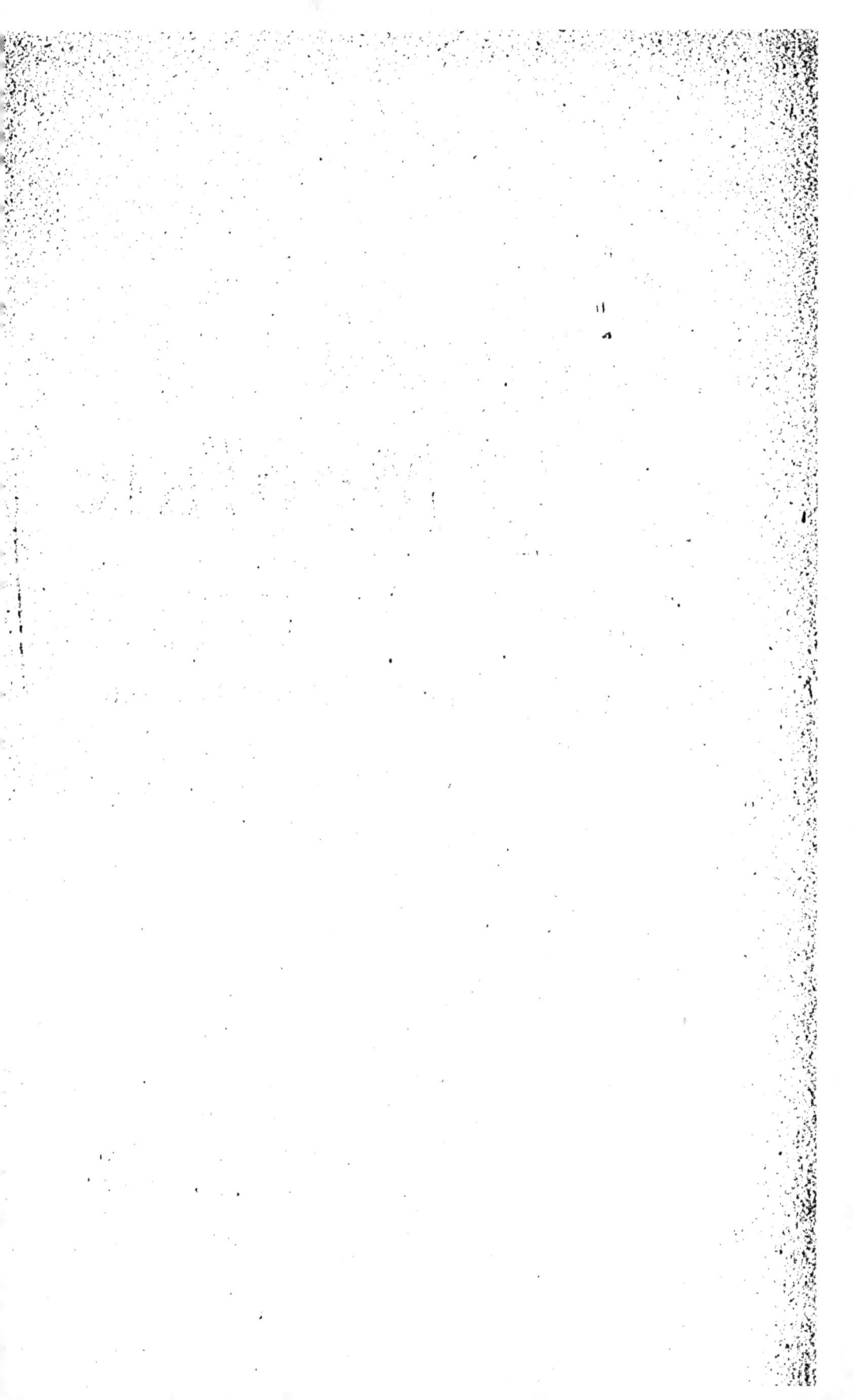

A la mémoire de mon Grand-Père

Le Docteur A. CONSTANTIN

Médecin-major de 1re classe
Officier de la Légion d'Honneur

———

A MON PÈRE

Le Docteur Émile NOGUÈS

Le souvenir laissé aux ambulances d'Algérie comme à celles de l'armée d'Orient, à l'armée du Rhin comme à celle du Nord, puis à celle de la Loire par celui qu'on avait coutume d'y appeler, « ce bon docteur » m'a été transmis avec vénération par tous ceux qui, plus heureux que moi, ont connu mon grand-père ; C'est donc pour moi un pieux devoir de l'évoquer à la première page de ma thèse inaugurale.

Si aux yeux de beaucoup j'ai paru abuser des circonstances favorables dans lesquelles je me trouvais pour prolonger jusqu'à la dernière limite accordée par la loi, mes études médicales, si je les ai poursuivies dans une quiétude, en apparence si enviable et combien critiquée du reste c'est, uniquement, à l'inaltérable bonté de mon père que je veux le devoir.

La vie de continuel et inlassable dévouement dont il me donne journellement l'exemple ne me laisse aucun doute sur celle qu'il me prépare. Mais à voir les témoignages si précieux de reconnaissance, l'affectueux attachement dont l'entourent ses malades, je me suis pris à aimer cette existence de labeur et d'abnégation au cours de laquelle le plus délicat, personne ne me le laisse ignorer, sera de savoir continuer ce qu'il a su si bien commencer.

S'il m'est un très agréable devoir de témoigner ici

toute mon affection et ma reconnaissance à ce père
qui m'a fait connaitre et aimer les malades, je dois
aussi remercier ceux qui m'ont appris à connaitre et
à aimer la médecine.

C'est d'abord Monsieur le Professeur J. Tapie, à
l'affectueux dévouement et au talent duquel je dois
depuis les notions d'anatomie pathologique qu'il eut
à m'inculquer jusqu'à la vie de mon père qu'il sut
nous conserver. Nos liens de parenté voulaient que
je lui demande d'accepter de présider mon jury de
thèse, les sentiments de respectueuse affection que
sa sollicitude toute paternelle a su m'inspirer depuis
longtemps déjà ne m'auraient pas permis d'agir autrement.

Le Professeur E. Régis, de Bordeaux, a bien voulu
reporter sur moi un peu de l'amitié déjà ancienne qu'il
n'a jamais cessé de témoigner à mon père, c'est à lui
que je dois ce qu'il y a d'intéressant dans ce travail ;
ce qui pourra prêter à la critique sera du au peu de
docilité dont j'ai fait preuve vis à vis des conseils
qu'il m'a si aimablement prodigués. Qu'il me permette
de lui témoigner ici, en dehors des sentiments d'admi-
ration qu'il m'a toujours inspirés, l'expression de
toute ma gratitude et de ma bien vive affection.

Le plus délicatement bienveillant de tous les maîtres a été pour moi Monsieur le Professeur A. Rispal.
A l'hôpital comme au laboratoire et ailleurs, je l'ai
toujours trouvé prêt à m'être non seulement utile,
mais agréable ; avec mes remerciements je veux qu'il

trouve ici l'expression de mon affectueuse reconnaissance.

Je dois à Monsieur le Professeur E. Bardier, la
presque totalité de mon chapitre de psychophysiologie ; grâce au remarquable article « Faim » dont il
est l'auteur, dans le Dictionnaire de Physiologie, la
mise au point que j'ai essayée de faire, m'a été très
facilitée. Je n'oublierai pas tout l'empressement qu'il
a montré pour me venir en aide, mettant à ma disposition son érudition et sa bibliothèque.

Au cours de mes stages dans les hôpitaux j'ai
maintes fois regretté de ne pouvoir goûter plus fréquemment l'enseignement du maître excellent qu'est
Monsieur le Professeur Rémond. J'ai retenu l'offre
gracieuse qu'il m'a fait dernièrement de rester son
élève et je ne saurais trop le remercier de la bienveil-
lance aimable qu'il m'a toujours témoigné.

Monsieur le Professeur agrégé R. Cestan n'a cessé
de me prodiguer pendant mes études les encouragements et les conseils les plus éclairés. Je lui dois en
grande partie ce que je sais en clinique interne ; je
lui demande d'accepter en retour avec toute ma gratitude l'assurance de ma bien sincère reconnaissance.

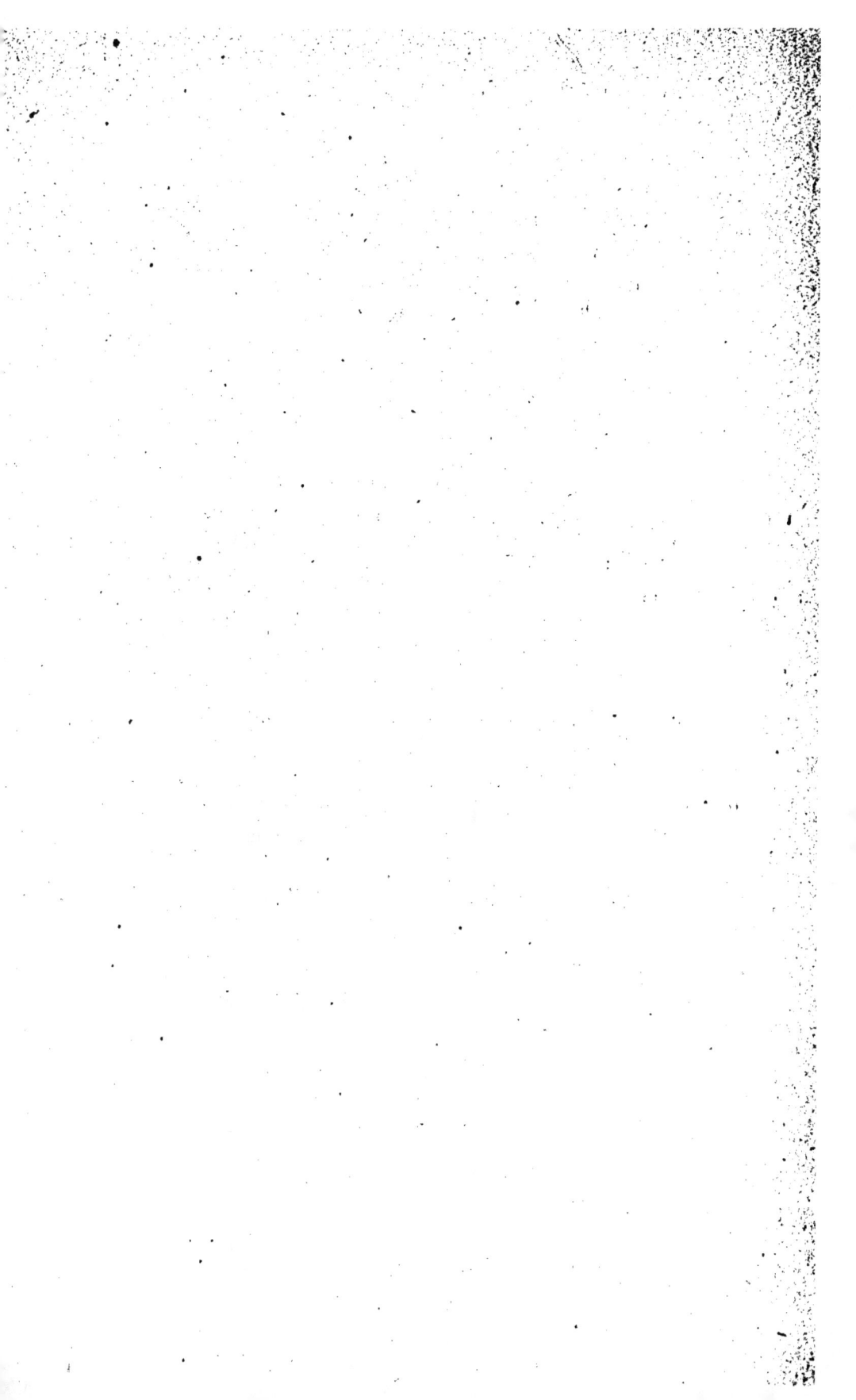

INTRODUCTION

———

« La thérapeutique de l'anorexie mentale, écrit le professeur Déjerine, est celle qui donne les plus beaux résultats. »

C'est cette constatation presque journalière qui nous avait depuis de nombreuses années vivement frappé.

Souvent impressionné par la vue d'un de ces êtres « diaphanes » aux premiers jours de son isolement, ayant assisté aux longues luttes quotidiennes que doit soutenir le médecin avec ces malades en apparence si faibles, si atones ; ayant pu suivre, pour ainsi dire d'heure en heure, les transformations que leur fait subir le traitement de la maison de santé, nous avions cru, au moment où nous avons dû choisir un sujet de thèse, connaître les anorexiques.

Leur fréquentation nous avait permis de les différencier, peu scientifiquement peut-être, en deux catégories.

Nous avions vu les uns, refusant de manger, se cacher après les repas pour prendre à l'insu de tous la nourriture qui devait satisfaire leur appétit.

Les autres, refusant aussi de manger, mais ayant

l'air de se soumettre, avaient quelquefois été surpris par nous se débarassant, à la dérobée, d'aliments officiellement déglutis mais rejetés ensuite, comme dans le vomitorium de la Rome décadente, ou conservés avec soin dans une de ces poches diversement placées que nous avions qualifiées de marsupiales, dès notre P. C. N. et dont nous parlons au ocurs de ce travail (Observations VII, VIII, IX, XVI).

A notre connaissance, par conséquent, tous les anorexiques refusaient de s'alimenter, mais tandis que les uns mangeaient en se cachant, les autres se cachaient pour ne pas manger. Les premiers devaient avoir un besoin que les seconds semblaient ne pas ressentir. Les uns avaient encore la sensation de la faim tandis qu'elle était abolie chez les autres.

Par quel mécanisme ce phénomène d'inhibition s'opérait-il ? Tel est le premier point qu'il nous parut intéressant de connaître, et c'est ainsi que nous fûmes conduit à faire l'étude psychophysiologique de la faim.

Nous avons essayé dans la première partie de notre thèse de faire la monographie des différentes théories émises à ce sujet en ayant soin de rapporter comment dans chacune d'elle on explique la disparition pathologique du besoin de manger.

Nous nous sommes arrêté à la suite de notre maître, M. le Professeur Bardier, à une opinion mixte, ayant pour nous le double avantage de concorder avec les explications qu'ont données de la faim les physiologistes, et de satisfaire les hypothèses pathogéniques qu'ont émises jusqu'à ce jour, les neurologistes et les psychiâtres sur l'anorexie mentale.

Nous nous sommes ensuite attaché, dans l'étude de ce syndrome, à mettre en relief, dans l'historique, la confusion que l'on fit durant de longues années entre l'anorexie hystérique et l'anorexie mentale, confusion qui explique le nombre considérable de synonymes, qui chacun à leur tour, ont servi à désigner ce qu'il semble généralement admis aujourd'hui de dénommer anorexie mentale.

Nous avons exposé les différentes théories pathogéniques émises à ce sujet. Sur les conseils de M. le professeur E. Régis, nous avons essayé de mettre en relief le rôle de la puberté dans la constitution de l'anorexie mentale soit par le développement du processus physiologique de la fonction génitale, soit par la maladie d'un des organes concourant à cette fonction.

Tels que nous avons pu les voir, nous nous sommes appliqué à dépeindre les anorexiques mentaux. Les nombreuses citations que nous faisons dans notre chapitre de symptomatologie nous ont paru devoir se compléter à souhait, mais il faut reconnaitre en toute justice qu'elles n'apportent qu'une différence d'interprétation à la si admirable description faite par Lasègue.

Nous avons cru devoir insister là, comme dans nos observations personnelles sur l'état mental de l'anorexique avant son refus d'alimentation et au début de sa maladie. Nous n'avons pas craint, ayant eu tout le loisir d'interroger les malades sur cette période de leur vie, de rapporter fidèlement le récit des longues heures de luttes qu'ils ont eu à soutenir contre eux-mêmes d'abord, leur famille et leurs médecins ensuite sous l'empire de leur idée fixe ou de leur obsession.

C'était là, nous a-t-il semblé, le point intéressant à développer.

Si nous n'avons pas insisté comme nous aurions pu le faire sur les cas limite d'anorexie mentale se greffant sur des psychoses encore en voie d'évolution — anorexie au début de la démence précoce, etc., c'est que nous avons préféré attendre d'avoir, à ce sujet, un nombre plus considérable d'observations pour les publier plus tard dans une monographie spéciale.

A la suite d'opinions tout récemment soutenues par Weill, Régis et Schnyder, nous avons cru pouvoir émettre l'idée d'un traitement opothérapique allant de pair avec la suralimentation et la psychothérapie dans l'isolement ; nous regrettons seulement que le temps et les circonstances ne nous aient pas permis d'apporter dans ce travail des faits venant à l'appui de ce que nous avançons.

CHAPITRE PREMIER

Définitions

La faim est une sensation spéciale traduisant chez tous les animaux le besoin de manger.

Classée parmi les sensations internes et les besoins d'activité (Beaunis), il n'existe entre la faim et l'appétit qu'une différence de degrés (Schiff, Bardier, Marc).

Suivant ces auteurs l'appétit n'est que le premier degré de la faim, il en représente la période agréable ; c'est en augmentant que ce besoin, comme tous les autres, devient pénible, puis douloureux s'il n'est point satisfait : « La faim, dit Schiff, est la sensation du besoin de manger tandis que l'appétit n'est que la sensation agréable qui se lie à l'idée de manger et qui réveille en nous l'idée de manger » ; à l'appui de cette théorie on peut faire valoir la répugnance qu'éprouvent certains malades pour les aliments, tandis qu'ils ont parfaitement conscience du besoin de se restaurer, « de prendre ».

Suivant d'autres (Joanny Roux, Ramon Turro, Leven, Legendre), faim et appétit sont deux sensations différentes s'appliquant, la première à la quantité, la deuxième à la qualité d'aliments : « L'appétit, dit Joanny Roux, est le désir de manger lié à une série de souvenirs agréables, suscités eux-mêmes par une sensation stomacale spéciale. La faim est le besoin de manger résultant de l'appauvrissement du milieu interne en matériaux nutritifs et consécutivement d'un état de souffrance de nos éléments anatomiques. » Et plus loin « La faim est une sensation pénible parce qu'elle a pour origine une circonstance nuisible à la conservation de l'individu et qu'elle indique une diminution de notre personnalité physique.

« L'appétit, au contraire, est une sensation agréable parce qu'elle nous révèle un fonctionnement normal de notre estomac et a, par conséquent, pour origine une circonstance favorable à la conservation de l'individu, à l'accroissement de notre personnalité physique. »

Leven écrit : « On emploie indistinctement les deux termes de faim et d'appétit l'un pour l'autre, mais ils ont un sens différent. La faim et l'appétit ne peuvent être étudiés que chez l'homme à l'état de santé ou malade. On peut observer la faim chez le nouveau-né ; poussé par l'instinct de l'aliment il prend le sein de la nourrice et prend une certaine quantité de lait suffisante pour satisfaire cet instinct et il s'endort jusqu'à ce que la sensation de la faim le réveille. La faim est une sensation simple que le lait seul peut calmer. Si on ajoute au lait des œufs, des soupes, des

farines, il acceptera ou refusera à certain jour tel ou
tel de ces aliments après avoir consulté les nerfs du
goût et de l'odorat, selon les impressions que lui
donne telle ou telle substance ; tant qu'il ne buvait
que du lait le cerveau était passif, poussé par le seul
instinct de la faim ; quand les nerfs du goût et de
l'odorat interviennent, le cerveau est actif et l'appétit
est déterminé. Il faut donc distinguer la faim qui n'a
sa source que dans un nerf et la sensation de l'appétit qui est la résultante des sensations provoquées
par les nerfs de la faim, du goût et de l'odorat. »

Pour Legendre, la faim est « le besoin général de
réparation éprouvé par l'organisme. L'appétit est le
désir de l'aliment, l'attirance (*ad petitum*) vers l'aliment. »

I. — LA FAIM NORMALE OU PHYSIOLOGIQUE.
SES CARACTÈRES

Le besoin de manger se traduit par une série de
sensations diversement localisées.

La très légère douleur, simple malaise de la région
sus-diaphragmatique, sensation de fadeur et de vacuité au niveau de la région épigastrique semble être
le signe normal du début de la faim ; ce signe disparaît dès que les aliments sont ingérés et le plaisir
du besoin satisfait lui succède tout naturellement. Si
au contraire, on endure ce besoin plus longtemps, le
malaise se transforme vite en sensation pénible et

désagréable, s'irradiant vers les régions voisines ; les crampes, les tiraillements, les douleurs musculaires accompagnées de bâillements, de céphalalgie et de lassitude générale apparaissent bientôt.

S'exagérant, ces sensations secondaires plongent l'organisme dans un véritable état de torpeur incompatible avec le moindre effort physique et intellectuel.

Voilà ce que l'on observe généralement lorsque l'on cherche à éveiller la sensation de la faim. Ce tableau symptomatique peut d'ailleurs changer complètement suivant les circonstances et les individus. Ainsi la sensation de douleur épigastrique considérée par beaucoup de physiologistes comme un des premiers signes de la faim peut faire défaut et les sensations secondaires peuvent non seulement différer mais se localiser diversement (Schiff, Beaunis).

En fin de compte, se mettant soi-même en observation et s'affranchissant autant que possible de cette idée préconçue, on peut, croyons-nous, considérer la faim comme un ensemble de sensations dont le point de départ réside dans tous les organes rentrant en jeu dans les phénomènes digestifs. « A la sensation fondamentale qui part de l'estomac, dit Beaunis, s'ajoutent des sensations harmoniques provenant des autres organes digestifs » et « le point de départ de ces dernières ne réside pas exclusivement dans l'appareil digestif, mais dans tous les organes », ajoute notre maître le professeur Bardier, conformément, comme nous le verrons plus loin, à la théorie du Dr Joanny Roux, reprise dernièrement par Ramon Turro, professeur de microbiologie, à Barcelone.

Si le besoin de réparation ainsi manifesté par l'organisme n'est pas satisfait, le système nerveux ne tarde pas à en subir le contre-coup et bientôt surviennent après un état de torpeur physique et intellectuelle des troubles psychiques graves et du délire, bien étudiés dans la thèse de Lassignardie, sur l'*état mental dans l'abstinence.*

Cette faim physiologique, ce besoin quotidien de manger ressenti à l'heure des repas peut se manifester de façon plus ou moins intense ; on a plus ou moins faim, suivant les circonstances, suivant l'heure du dernier repas, suivant de nombreuses conditions infiniment variables. On peut donc dire qu'il existe des degrés dans la sensation que cause le besoin de manger, mais la délimitation de ces degrés reste incertaine, car l'intensité de la sensation ne suit pas une courbe parallèle à la durée ; on n'a pas d'autant plus faim que l'on s'éloigne davantage du dernier repas. Le sentiment de la faim est soumis à de nombreuses influences et, en première ligne, il faut citer celle qu'exerce le système nerveux. On pourra se soumettre volontairement à un jeûne prolongé comme l'expérience en a plusieurs fois été tentée et endurer assez facilement les souffrances de la faim. Le besoin de manger sera d'autant moins douloureux, d'autant plus facile à supporter, qu'il suffira d'un signe pour

être mis en face d'un succulent repas. Au contraire,
la faim sera beaucoup plus pénible, les manifestations
beaucoup plus douloureuses si l'on se croit par le fait
des circonstances voué à une inanition complète.
Voilà encore où l'influence du système nerveux se
fait considérablement sentir dans ces différences d'intensité.

Si la sensation de la faim est graduée, elle est aussi
rythmique. Elle ne réapparaît pas aussitôt qu'elle a
été satisfaite, mais seulement au bout d'un certain
temps, variable suivant de multiples influences. L'habitude est un facteur puissant de cette rythmicité.
« La régularité du repas, dit Beaunis, ramène avec
l'exactitude d'une horloge la sensation de la faim. »
Nous verrons plus loin que cette régularité doit être
rigoureusement observée dans le traitement de l'anorexie où elle est appelée à favoriser ce réveil d'une
sensation depuis longtemps disparue.

Le rythme de la faim ne présente pas toujours le
même mode ; sa périodicité est liée non seulement
au genre d'alimentation et partant aux phénomènes
de nutrition cellulaire, mais aussi au fonctionnement
du système nerveux. S'il est vrai que le sentiment de
la faim reflète un certain degré de dépérissement
organique, s'il est vrai que cette sensation est ressen-
tie au moment où nos cellules appauvries réclament
des matériaux nutritifs, il est également vrai que,
pour une bonne part, ses manifestations sont sous la
dépendance du système nerveux, ce qui rend difficile

de préciser le moment où, en théorie, les premiers symptômes de la faim devraient se manifester.

Certains auteurs (Beaunis, J. Roux) prétendent que ce moment dépend exclusivement de la valeur des pertes de l'organisme.

D'après des expériences faites sur lui-même, Beaunis suppose que la faim survient à l'instant où l'organisme, abstration faite des fèces et des urines, a perdu environ 600 grammes. C'est là une moyenne et non une indication absolue.

Il en est de même pour l'intensité de la sensation, elle est aussi essentiellement variable. Dans des conditions de vie absolument semblables, tel individu aura régulièrement faim au moment de ses repas, tel autre n'éprouvera à ce même moment aucune sorte de sensation. Il ne s'agit certes pas d'anorexie dans ce dernier cas, puisque, sans avoir faim, il prendra la quantité de nourriture dont il aura matériellement besoin. Dans le sens opposé, il est des personnes chez lesquelles la sensation de la faim se fait violemment sentir très régulièrement sans qu'il y ait boulimie.

Nous signalerons simplement l'influence des phénomènes chimiques intra-organiques sur la faim. Plus ces réactions sont considérables, plus aussi le dépérissement cellulaire est rapide. En tous cas les considérations faites sur les relations des phénomènes chimiques avec la faim, sur la lenteur des échanges nutritifs dans certains états pathologiques tels que

l'anorexie, nous permettent e conclure que la faim
peut être une sensation extrêmement atténuée.

II. — DU SENTIMENT DE LA FAIM ; SES ORIGINES ; SES CAUSES

La faim, besoin conscient, reconnaît, comme les
autres besoins instinctifs ou acquis, un certain nombre
de causes. Et à ce point de notre étude physiologique
nous devons envisager la faim dans son sens le plus
large : celui de sensation consciente, de fait interne
accessible uniquement à l'observation subjective ;
nous devons comprendre dans l'étude de cette sensation tous les phénomènes qui précèdent le fait de la
conscience, c'est-à-dire l'excitation périphérique cau-
sale, sa transformation en mouvement nerveux, le trajet de celui-ci jusqu'à l'écorce où apparaît la sensation
consciente. On peut même suivre ce mouvement plus
loin à travers l'écorce et le système nerveux centrifuge
dans sa réflexion périphérique. C'est en somme l'étude d'un réflexe sur le trajet duquel apparaît un phénomène de conscience.

C'est de cette manière que nous devrons maintenant
considérer la faim. Et disons qu'en définitive, ce sentiment nous avertit de l'état de dénutrition organique.
La vie est caractérisée en effet par un double mouvement au niveau de la matière organique ; l'une
d'assimilation l'autre de désassimilation. Leur succes-
sion rythmique et régulière assure l'équilibre vital,

sans quoi les réactions chimiques libératrices de l'énergie dont nous disposons détermineraient l'usure et ensuite la destruction du protoplasma cellulaire. C'est au moment où nos éléments anatomiques ont besoin de réparation que la faim se fait sentir. Elle représente donc une sensation de la plus grande utilité puisque, automatiquement, nous sommes avertis de la nécessité de notre réparation organique.

Mais bien que la cause primordiale de la faim semble consister dans l'appauvrissement nutritif des cellules, cela ne fait nullement comprendre la nature des excitations qui engendrent la sensation.

Trois grandes théories se trouvent en présence. La première assigne à la faim une origine stomacale, la deuxième lui reconnaît une cause centrale, la troisième enfin la rattacherait à un réflexe nutritif dont le point de départ résiderait dans toutes les cellules de l'organisme.

a) *Origine locale de la faim.*

1). — La faim reconnaît pour cause une excitation venue de l'estomac.

Un premier argument en faveur de l'origine locale du sentiment de la faim est tiré de ce fait que, presque toujours, cette sensation est perçue dans l'estomac et s'accuse par une douleur gastrique, mais, outre qu'il n'y a à cela rien d'absolu, il importe de remarquer, avec Schiff, que le siège d'une sensation

ne saurait, à lui seul, expliquer son origine ; on peut
tout aussi bien localiser à la périphérie une sensation
d'origine centrale.

On doit justement distinguer la localisation d'une
sensation d'avec son origine. Ce sont deux choses absolument différentes.

D'ailleurs, comme nous l'avons déjà dit, la faim
ne débute pas infailliblement par une sensation res-
sentie au creux de l'estomac. Et si, dans la majorité
des cas, le besoin de manger est accompagné d'une
douleur stomacale, il ne s'ensuit pas qu'il y ait entre
ces deux phénomènes une relation de cause à effet.
Nous savons bien que la sensation de la faim est très
complexe et qu'elle consiste dans la réunion de plusieurs sensations. La douleur stomacale peut n'être
qu'un des signes dominants de ce besoin, sans qu'il
soit nécessaire de la considérer comme l'unique cause
de la faim.

2). — La faim dépend de la vacuité de l'estomac. Il
semble au premier abord que nous ayions faim au
moment même où notre estomac est vide. C'est cinq
à six heures après le dernier repas que nous éprou-
vons de nouveau le besoin de prendre des aliments.
En réalité la faim survient longtemps après que les
matières alimentaires ont été dissoutes par les sucs
digestifs et absorbées par les voies normales.

D'ailleurs, si l'on pose en principe que la faim est
due à la vacuité de l'estomac, il s'ensuit fatalement
que les animaux herbivores, dont la cavité gastrique

renferme sans cesse des aliments, n'éprouveraient jamais le besoin de manger. Or l'observation démontre le contraire.

3). — La faim dépend des contractions de l'estomac.

D'après cette manière de voir, les contractions de l'estomac vide auraient pour résultat de provoquer sur la muqueuse des excitations spéciales qui se traduiraient par l'impression de la faim.

Mais cette explication est insuffisante si l'on songe qu'une contraction de cette intensité n'est guère possible dans l'estomac vide et que les mouvements musculaires de l'estomac à l'état de vacuité sont rares et beaucoup moins prononcés que pendant la digestion. Pourquoi, dès lors, le sentiment de la faim ne s'exagère-t-il pas à la fin de nos repas? C'est alors que les mouvements stomacaux sont surtout énergiques : donc c'est à ce moment que nous devrions surtout avoir faim. Cette hypothèse paraît peu fondée.

Nous devons mentionner aussi les théories qui tendent à expliquer la faim par un tiraillement du muscle diaphragme, par la turgescence de la muqueuse gastrique (Beaumont), celle, enfin, qui veut que la sensation de la faim soit liée à la production d'acide chlorhydrique. Les travaux de Beaunis et de Heidenhain, d'une part, ceux de Schiff, d'autre part, ont réfuté ces diverses hypothèses.

En somme, toutes les théories émises sur l'origine locale du sentiment de la faim sont, nous semble-t-il, insuffisantes pour nous rendre compte d'une façon exacte et rationnelle de cette sensation. On ne peut d'ailleurs accepter facilement l'idée que la faim, exprimant un besoin essentiellement général, puisse prendre exclusivement son origine dans l'estomac.

b) *Origine centrale de la faim.*

La faim liée à l'état de dénutrition organique est, dit M. le professeur E. Bardier, « à l'avant-garde de la période d'assimilation et représente pour l'individu un véritable système de défense ».

S'il en est ainsi, tout obstacle à l'assimilation à l'arrivée des principes nutritifs dans le sang et à leur pénétration jusqu'au niveau des éléments anatomiques entraîne, comme conséquence, la sensation de faim. Et cette dernière apparaît, par ce simple fait, indépendante de l'état local de l'estomac.

Voilà pourquoi Schiff a recherché la cause de la faim dans une variation de la composition chimique du sang. Il ne pouvait, en outre, qu'être encouragé dans ce sens par les analogies qui existent à ce point de vue entre la faim et la soif (Dupuytren).

Une modification particulière physique ou chimique dans la composition du liquide sanguin ne peut-elle pas à elle seule provoquer la faim ? Telle est la théorie que défend Schiff, et il l'appuie sur l'expérience.

Injectant dans le système circulatoire d'animaux des substances nutritives en quantité suffisante et artificiellement préparées, il arrive à calmer leur faim

et les nourrit même parfaitement. Dans certains cas
de faim prolongée n'a-t-on pas, du reste, observé que
les lavements alimentaires apaisaient jusqu'à un certain point les souffrances ressenties ? — Schiff donne
encore d'autres preuves en faveur de l'origine centrale
de la faim. Si l'on étudie la sensation au cours de
l'inanition on voit qu'elle augmente d'intensité les
deuxième, troisième et quatrième jours. Cependant,
l'estomac une fois vide de son contenu, son état ne
change plus. Il semble, d'après lui, qu'on doive rapporter l'intensité de la faim aux modifications quali-
tatives du sang qui, devenant sans cesse plus profondes, sont pour les centres nerveux une cause
d'excitation de plus en plus grande.

Et Schiff conclut que la faim est liée à une modification physico-chimique du sang qui constitue le
point de départ de cette sensation en excitant les
centres nerveux.

Cet auteur cherche encore à expliquer comment,
sous cette influence centrale, se produit tout le cor-
tège des manifestations à localisation périphérique.
Mais il ne résout cette question qu'en raisonnant par
analogie, par déduction, sans expérience. Il invoque,
en effet, une irritation des centres nerveux, sous l'influence de l'état chimique particulier du sang, irritation provoquant des sensations excentriques. « Pour
n'en citer qu'un exemple, dit-il, les malades affectés
de tumeurs cérébrales ne se plaignent-ils pas de dou-

leurs sourdes dans les extrémités, de fourmillements, d'hallucinations ?

« Or il n'est pas indispensable que l'irritation des centres nerveux soit de nature mécanique : elle peut provenir tout aussi bien d'une altération chimique, d'un changement de composition de la masse du sang.

« Dès lors on conçoit que la diminution des éléments constitutifs du sang, qui nous fait sentir le besoin de nourriture, puisse aussi se trahir par des altérations de la sensibilité locale, sans que la localité où nous percevons cette altération soit directement affectée.

« Ce qui donne un certain poids à cette conjecture, c'est qu'il n'est pas excessivement rare d'observer des lésions profondes de l'estomac, des destructions cancéreuses du cul-de-sac de la région pylorique, de la petite et de la grande courbure, sans que les malades aient cessé de percevoir la sensation gastrique spéciale qui annonce la faim. »

Contre la théorie de Schiff, s'est élevée une objection tirée de la sensation gastrique qui accompagne le besoin de manger. La fréquence de cette sensation lui donne, aux yeux de certains, une très grande valeur. Ce signe ne constituerait pas seulement l'expression d'un état général, mais il serait lié à un état particulier de l'estomac. En effet, il est possible — sans faire disparaître la faim — de supprimer cette douleur, en introduisant dans l'estomac des matières non alibiles.

Schiff fait remarquer que cette objection est basée

sur une erreur de raisonnement. Assurément, on peut calmer une névralgie d'origine centrale par une irritation mécanique du tronc nerveux lui-même. Ainsi chez un malade atteint de tumeur cérébrale et souffrant de fourmillements aux doigts, on peut, par une vigoureuse pression mécanique sur les parties douloureuses, faire disparaître la douleur.

« Beaucoup de névralgies, dit Schiff, sont momentanément calmées et même supprimées par l'application d'une douleur extérieure. C'est l'impression périphérique qui prévaut sur la sensation centrale.

« Il en est de même pour la sensation gastrique qui accompagne la faim. Les applications extérieures, la compression de la région épigastrique, la constriction calment la faim ; d'où peut-être l'expression connue « se serrer le ventre ? »

Cela s'explique facilement par la prédominance de l'irritation périphérique sur la sensation excentrique.

« La même explication, dit encore Schiff, vaut pour l'ingestion de substances inertes, de pierres, de sable, moyen palliatif qui malheureusement n'a été que trop souvent expérimenté contre la faim en temps de disette ; c'est ici l'irritation locale appliquée aux nerfs sensibles de la cavité stomacale qui se substitue à la sensation transmise aux centres.

« On voit donc que l'opinion qui regarde la sensation épigastrique de la faim comme dépendant d'un état local de l'estomac, parce qu'il existe des moyens palliatifs locaux pour l'apaiser, est fondée sur une

erreur du raisonnement, que c'est précisément le contraire que nous enseigne l'analogie. »

Il est encore d'autres exemples de la prédominance
des sensations périphériques sur les sensations d'origine centrale. Les malades atteints de pyrosis ont une
faim continuelle et mangent peu à la fois. Les aliments
ingérés sont en assez grande quantité pour tromper
leur faim, mais non pour la supprimer car ils ne sau-
raient suffire à la réparation complète des pertes organiques.

C'est ainsi que Schiff réfute cette objection et persiste à admettre que certaines modifications physico-
chimiques du liquide sanguin sont capables de faire
naître la faim par leur retentissement sur le système
nerveux central, tout comme les adultérations du sang
provoquées par l'excès d'acide carbonique ou le manque d'oxygène, modifient les actes respiratoires par
action centrale.

Comme nous le voyons, plusieurs observations di-
rectes, certaines analogies plaident en faveur de cette
théorie.

Mais rien ne prouve que dans les premiers stades
de la faim le liquide sanguin a subi une modification
chimique ou physique ; rien ne prouve d'autre part
que cette excitation, si elle existe, puisse à elle seule
déterminer l'apparition de la faim. Le processus est
peut-être plus complexe et le retentissement de la dénutrition organique sur le système nerveux central
peut s'expliquer non seulement par une irritation chi-

mique mais par un acte réflexe, tout comme les phénomènes circulatoires et respiratoires ne sont pas
seulement influencés par des excitations centrales
d'origine chimique, mais aussi par des excitations
sensitives périphériques qui se transmettent aux centres nerveux par voie réflexe.

c) *Origine périphérique de la faim.*

D'après les partisans de cette théorie, la sensation
de la faim prend naissance dans les innombrables
cellules de notre corps. « C'est, dit le Dr Joanny
Roux, le cri de notre organisme réclamant des matériaux nutritifs lorsque le milieu intérieur s'appau-
vrit ». Toutes les cellules de notre organisme sont
solidaires et cette solidarité est rendue nécessaire par
les spécialisations fonctionnelles multiples, par la
division du travail. Lorsqu'une cellule éprouve un
besoin, qu'en raison de sa spécialisation elle est inapte
à satisfaire elle-même, elle fait appel à d'autres cellules, et cela par l'intermédiaire du système nerveux.
Telle est l'origine de tous les réflexes nutritifs et dans
la sensation de la faim il n'y a pas autre chose qu'un
réflexe nutritif cortical, réflexe encore incomplète-
ment adapté et donnant naissance à ce titre, comme
épi phénomène, à un fait de conscience : la sensation
de la faim, au sens le plus ancien du mot.

Et le Dr Joanny Roux consacre un important mémoire « très original, comme l'étaient toutes ses pu-

blications », nous écrit le Dr L. Mayet, de Lyon, à la démonstration positive de l'origine périphérique de cette sensation. Ce serait sortir de notre sujet que d'en donner ici une analyse détaillée. Il nous suffit de rappeler la série de phénomènes qui y sont étudiés :

Appauvrissement du sang en matériaux nutritifs, en énergie latente ; souffrance des éléments anatomiques se traduisant par une excitation spéciale des extrémités nerveuses correspondantes d'où l'impression qui s'élève vers les centres par le système nerveux centripète ; réflexion de cette impression nerveuse au niveau de la moelle et du bulbe, correction temporaire de l'appauvrissement du sang, grâce aux réflexes nutritifs ganglionnaires, médullaires, bulbaires, automatiques et inconscients, parce que, complètement adaptés (l'adaptation s'est faite dans l'évolution ancestrale) ; arrivée de l'impression nerveuse à la corticalité, d'où suscitant des souvenirs, s'associant à d'autres impressions nerveuses elle se réfléchit encore vers la périphérie dans la recherche des aliments ; mais cette recherche est volontaire et consciente, tandis que tous les réflexes nutritifs précédents s'opèrent complètement à notre insu, le réflexe nutritif cortical, au contraire, se révèle à notre observation interne ; la conscience apparaît : « nous avons conscience du besoin qui nous tourmente : c'est la sensation de la faim ; nous avons conscience des impressions nerveuses antérieures réveillées par l'impression actuelle : c'est le souvenir des repas antérieurs, des lieux où nous savons trouver des aliments ; nous avons conscience, enfin, de l'acte de manger, de la portion terminale du réflexe ».

Epi phénomène de conscience qui accompagne le réflexe nutritif cortical parce qu'il est encore en voie d'adaptation.

De même que J. Roux, M. Ramon Turro ne reconnaît pas à la faim une origine stomacale, sa cause déterminante est, pour lui, l'appauvrissement du milieu interne.

Appauvrissement du sang en matériaux nutritifs, dit J. Roux : appauvrissement du milieu interne, dit Ramon Turro.

Véritable aliment cellulaire, au lieu d'être le résultat direct de l'absorption, le milieu interne est essentiellement le produit d'une collaboration physiologique des éléments les plus divers.

Dans les conditions normales ils gardent entre eux des proportions définies : si les proportions s'altèrent, de graves désordres fonctionnels en résultent. De même que l'augmentation ou la diminution de l'oxygène dans l'eau, trouble l'hématose respiratoire, ainsi l'altération quantitative des éléments qui constituent le milieu interne amène une altération dans la cellule qui doit s'y saturer, et cette altération se répercute dans les terminaisons nerveuses, qui sont en rapport avec la cellule. De là résulte une excitation qui « par des voies encore mystérieuses », va réveiller

l'activité d'un ou plusieurs organes capables de fournir ou bien les substances qui manquent, ou bien les
diastases qui doivent les préparer. Cette excitation
nerveuse qui pourvoit à la reconstitution du milieu
interne, Ramon Turro l'appelle, en physiologiste,
réflexe trophique.

L'autorégulation des processus nutritifs montre que
l'adaptation des réflexes trophiques est quantitative
et qualitative. Adaptation qualitative et quantitative
entre la sécrétion gastrique par exemple et la nature
de l'aliment. C'est une adaptation semblable qui se
révèle entre les éléments cellulaires appauvris et les
organes qui peuvent les approvisionner. Les premiers
par le réflexe trophique actionnent les seconds et les
seconds répondent par le même quantitatif et qua-
litatif que réclament les affinités des premiers. Grâce
au réflexe trophique, l'organisme vit à ses propres
dépens. L'excitation trophique naît de la cellule,
quand celle-ci ne trouve plus dans le milieu interne
les principes dont elle a besoin, elle s'éteint dès qu'elle
les rencontre. Si les régions cellulaires, dont le rôle
est de combler le déficit du milieu interne, sont elles-
mêmes en déficit, l'excitation trophique ne pourra
pas s'éteindre. L'excitation trophique augmentant sous
l'influence de l'appauvrissement du milieu interne
« éclate dans la conscience sous forme d'un cri de
détresse exprimant un besoin que le travail silencieux
de la nutrition est impuissant à satisfaire par les seules ressources de l'organisme. »

Telle est, d'après Turro, la situation interne qui fait naître la sensation de la faim. Cette sensation est pour lui dans la sphère psychique ce que le réflexe trophique est dans la sphère végétative. C'est lorsque l'organisme est en déficit que l'avidité cellulaire n'étant plus rassasiée ne tarde pas à se faire jour dans la conscience par la sensation de la faim. Et ce n'est pas là une sensation quelconque, un besoin amorphe, c'est un besoin concret de prendre certains aliments qui manquent au milieu interne.

C'est une sensation consciente, « une tendance spécifique élective. »

Léopold Levi dit de même : « La faim est la sensation consciente d'un appel très pressant dirigé au centre général qui commande l'activité diastatique centralisée dans le bulbe. »

Mais la faim n'apparaîtrait, n'aurait lieu qu'après le fonctionnement du système tropho-régulateur.

Cette tendance psychique qui pousse à chercher au dehors ce qui manque au dedans, qui pousse à s'emparer des substances alimentaires, voilà ce qui constitue la faim, « écho d'une détresse physiologique », et en même temps « *aube d'une vie psychique* ».

Mais la faim n'est pas une impulsion *unique* à prendre des aliments. Cette impulsion est au contraire composée de plusieurs tendances spéciales nées dans les centres psychotrophiques et chacune de ces tendances est l'écho d'un déficit spécial survenu dans le milieu intérieur et dans les cellules.

De même que le monde extérieur nous révèle sa présence et ses qualités par des impressions, c'est aussi par des impressions que le monde intérieur nous révèle les substances qui lui manquent.

Ces connaissances fondamentales sont absolument indispensables pour établir un régime qui permette de vivre.

Les centres inférieurs où s'organisent ces connaissances peuvent subir des troubles qui en arrêtent le fonctionnement : le sujet ignore alors ce qui se passe dans son organisme ; ses besoins sont pour lui sans intérêt. N'est-ce pas là, nous demandons-nous, le cas des nerveux et des mentaux qu'il faut alimenter de force en pratiquant pendant des mois et des mois le cathétérisme naso-œsophagien ?

D'autres fois les centres psychotrophiques sont tellement surexcités qu'ils deviennent la proie du délire : le malade mange sans rime ni raison ; ce qu'il prend ne répond pas aux besoins intérieurs.

Nous essayerons de démontrer plus loin comment ces troubles d'origine centrale peuvent être le point de départ d'états mentaux jusqu'ici peu étudiés.

L'intensité de la faim, dit encore Ramon Turro, « est en fonction de l'énergie du mouvement nutritif ».

Que la cause qui modifie le mouvement nutritif soit extérieure ou intérieure, c'est toujours de la nature du changement survenu que dépend l'évolution de l'appétit. Que des préoccupations obsèdent l'es-

prit, que des peines morales nous accablent, les centres psychotrophiques s'arrêtent, les besoins du milieu interne ne provoquent pas le besoin de nourriture.
Dans ces conditions, si on mange, on mange sans
plaisir : le manque d'appétit, cette alimentation insuffisante affaiblissent l'organisme ; celui-ci devant vivre à ses propres dépens pourra, sans bien tarder,
perdre plusieurs kilogs.

Quand cet état *d'inhibition centrale* aura passé sur-
gira-t-il une faim proportionnée aux privations internes ? Cela paraît tout naturel au premier abord :
en fait, il n'en est pas ainsi. Pourquoi ? L'énergie du
mouvement nutritif a baissé les avidités chimiques :
des cellules se sont adaptées à la pauvreté de leur
milieu.

Lorsque soit à cause d'une abstinence partielle
imposée, soit à cause d'un trouble fonctionnel des
centres psychotrophiques, l'organisme ne reçoit plus
les éléments restaurateurs nécessaires, la nutrition
des cellules finit par s'adapter à la pénurie du milieu interne et l'intensité de la faim ne se proportionne
plus à l'appauvrissement interne, mais à l'énergie actuelle du mouvement nutritif.

Ce qu'on appelle appétit n'est pas une faim distincte de la faim cellulaire, c'est la même faim cellulaire représentative des choses alimentaires.

La vue des mets, l'impression subite de certaines
odeurs peuvent, avec les souvenirs trophiques de ces
affections, en éveiller l'appétit.

Dans les états anorexiques, nous y reviendrons dans un autre chapitre, états où il n'est pas facile de raviver les souvenirs trophiques, la vue, des mets leur goût et leur odeur qui, auparavant, éveillaient intensément l'envie de manger, ont perdu maintenant leur vertu excitatrice et si nous nous obstinions à ce qu'ils fournissent les mêmes effets qu'ils fournissaient auparavant, naturellement, au lieu de l'appétit, nous provoquerions l'aversion pour ces aliments.

Et Ramon Turro explique : « Les voies naturelles d'excitation du sensorium psychotrophique sont les voies cellulaires ; quand, par des conditions pathologiques, s'inhibe l'activité fonctionnelle de ces centres, les tableaux sensoriels, qui auparavant étaient représentatifs des aliments, ne le sont plus, car leurs effets nutritifs ne sont pas perçus dans la sensibilité trophique qui reste comme sourde devant eux ».

Nous sommes déjà loin de la théorie de Schiff invoquant l'action directe du sang adultéré sur les centres nerveux comme cause du besoin de manger.

Mais peut-être convient-il de rechercher dans ces deux théories les causes de la faim qui proviendrait ainsi, d'une part, des modifications du sang, d'autre part, d'une excitation nerveuse de toutes les cellules de l'organisme.

Il faudrait donc admettre que les centres nerveux sont à la fois directement excités par les variations de la composition physico-chimique du milieu sanguin, indirectement par une excitation nerveuse dont le point de départ résiderait dans toutes les cellules de l'organisme.

Cette opinion mixte a l'avantage de concorder avec les explications qu'ont données de la faim les physiologistes comme Longet, Magendie, Schiff, Beaunis, Wundt, pour ne citer que ceux-là.

Magendie : « La faim, dit-il, résulte comme toutes les autres sensations, de l'action du système nerveux; elle n'a d'autre siège que ce système lui-même. Ce qui prouve bien la vérité de cette assertion, c'est qu'elle peut ne pas se développer, quoique l'estomac soit vide depuis longtemps ; enfin c'est qu'elle est soumise à l'habitude, au point de cesser spontanément quand l'heure habituelle du repas est passée. »

Schiff : « L'usure et la destruction vitale sont causes de modifications importantes de la composition du sang. D'une part, les produits de la décomposition chimique des tissus, corps désormais inutiles à la fonction de l'organe dont ils procèdent, sont emportés par le courant circulatoire ; d'autre part, les tissus appauvris, altérés dans leurs propriétés normales, empruntent au sang qui les baigne les matériaux aptes à les reconstituer. De là, une double altération de ce liquide ; augmentation des corps excrémentiels inutiles à la vie, et diminution des éléments utiles et réparateurs des tissus.

« On conçoit que cette altération, arrivée à un certain degré, ne peut rester sans influence sur ce que nous appelons l'état général, ou, en d'autres termes,

que les centres nerveux doivent subir l'impression
du sang appauvri et réagir à cette impression par
une sensation particulière et de nature générale.

« Or les symptômes particuliers qui nous font connaître cet appauvrissement du sang résultant de l'exercice régulier de nos organes, sont ce que nous dési-
gnons sous le nom de sensations de la faim et de la
soif. »

Longet : « La faim est l'expression d'un état général qui se traduit par une sensation spéciale que nous
rapportons à l'endroit où elle se fait sentir, bien qu'en
réalité elle ne siège pas uniquement en cet endroit.

« C'est dans l'organisme en général qu'il faut placer le sentiment de la faim, et la sensation particulière éprouvée dans la région épigastrique, doit-être
considérée comme une manifestation limitée d'un état
général, comme le prodrome des nombreux phénomènes de la faim. »

Beaunis : « Il est évident qu'il y a dans la faim autre chose que des sensations locales. L'insuffisance et
l'arrêt de l'absorption digestive, l'état d'appauvrissement de la lymphe et du sang, le défaut de nutrition
des tissus et des organes déterminent une réaction des
centres nerveux, et cette réaction se traduit par ce
sentiment de défaillance qui vient s'ajouter aux sensations plus exclusivement localisées dans les organes digestifs proprement dits. Pour que la faim soit
satisfaite d'une façon complète, il ne suffit pas que
les aliments soient digérés : il faut que les produits

de cette digestion, absorbés dans le tube alimentaire, passent dans la lymphe et dans le sang et aillent réparer les pertes des tissus et des organes. A ce point de vue, on pourrait dire, avec Longet, que c'est dans tout l'organisme que réside le sentiment de la faim. »

Wundt : « Les sensations de faim, de soif, la sensation du manque d'air, depuis les besoins modérés normaux de respirer, jusqu'à la dyspnée la plus intense, toutes ces sensations dépendent certainement, mais en très faible partie, des organes périphériques où elles sont localisées. Elles sont liées à des états déterminés de la composition du liquide sanguin ; ces états, d'après nos présomptions, mettent en jeu dans les centres nerveux correspondants des excitations qui produisent, soit des mouvements involontaires, soit des sensations et, par celles-ci, des mouvements volontaires, propres à entretenir les fonctions en question. »

En tout cas, il nous semble impossible, à l'heure présente, d'assigner à la faim une cause absolument précise. Nous nous sommes arrêté à la théorie mixte que nous avons résumée tout à l'heure, convaincu qu'elle renferme la plus grande part de vérité sur les facteurs qui engendrent cette sensation.

III. — Voies de transmission de la faim

a) *Rôle des pneumogastriques.* — b) *Rôle du sympathique*

Comme le dit Beaunis, « la faim comprend :

« 1° Les sensations localisées de façon plus ou moins vague dans les organes digestifs, les muscles masticateurs, sensations qui ont pour point de départ la muqueuse de ces divers organes avec leurs nerfs sensitifs, les glandes (état de réplétion avant la digestion), les muscles (besoin de contraction au début, contractions morbides dans les degrés intenses de la faim).

« 2° Une sensation générale due à l'appauvrissement et à l'insuffisance de nutrition de l'organisme ; mais ce sentiment général lui-même n'est que la résultante d'une multiplicité de sensations partielles, vagues, obscures, mal définies, partant des diverses régions de l'organisme. »

Il est évident qu'à chacune de ces sensations est affecté un système particulier de transmission. Voyons ce que l'on a pu déterminer à ce sujet, à l'aide de l'expérimentation.

Tout d'abord, on s'est préoccupé de rechercher spécialement les voies de conduction des sensations localisées le long du tube digestif, voies qui ne peuvent être représentées que par les nerfs sensitifs émanant de ces organes. Aussi a-t-on été amené à considérer tour à tour le sympathique et les pneumogastriques comme les conducteurs habituels de la sensation de faim, si l'on songe que ces deux nerfs se partagent l'innervation motrice et sensitive du canal intestinal.

On a pratiqué une foule d'expériences dont nous ne retiendrons que les plus importantes, tout en faisant néanmoins remarquer que les résultats obtenus sont loin d'être décisifs.

a) *Rôle des pneumogastriques.* — Il n'y a aucun doute ; la faim persiste malgré la résection de ces deux nerfs. L'opération a été faite souvent sur diverses espèces animales (cheval, chien, cobaye, lapin, etc...) Beaunis n'a jamais pu obtenir la cessation de la faim. Sur soixante expériences de résection de pneumogastrique, il a toujours vu les animaux se remettre à manger après l'opération. Ce fait ne peut s'expliquer que par la persistance de la faim. Il n'y a pas lieu d'incriminer le goût, puisque la section du lingual et du glosso-pharyngien n'abolit pas non plus le sentiment de la faim.

Telle n'est pas l'opinion de Brachet. Cet auteur reconnaît au pneumogastrique un rôle excessivement important au point de vue de cette sensation, et cherche à le démontrer expérimentalement. Il a fait jeûner un chien pendant vingt-quatre heures environ, puis il lui a sectionné les deux pneumogastriques au moment où l'animal était prêt à se jeter avec voracité sur des aliments qu'on lui avait présentés. On vit alors la faim s'apaiser presque aussitôt.

Ce n'est là qu'une observation unique et très incomplète, qui ne saurait entraîner pour conclusion, comme le veut Brachet, que la sensation de faim naît au niveau de la muqueuse gastrique et possède comme voie de conduction le tronc nerveux des pneumogastriques.

D'ailleurs, presque tous les auteurs qui se sont occupés de la question sont unanimes à reconnaître que les animaux qui ont subi la double vagotomie ne perdent nullement le sentiment de la faim. Le besoin de manger se fait ressentir aussi bien après qu'avant l'opération.

Sédillot a conservé des chiens après la double vagotomie pendant longtemps, et affirme avoir reconnu chez eux les signes certains de la faim, parfois très persistants, puisque, dans certains cas, la survie opératoire était de plusieurs semaines. Schiff a confirmé entièrement les résultats de Sédillot, sans pouvoir toutefois conserver aussi longtemps que lui les animaux opérés (six jours plus tard). Cependant il est très explicite à cet égard et soutient que leur appétit s'est manifesté aussitôt après les effets généraux de l'opération.

Le cheval, qui réagit moins que tout autre à la section des vagues, continue à manger immédiatement après l'opération.

Il importe, en effet, de ne point confondre les effets généraux de l'opération avec ceux qui dépendent exclusivement de la section des vagues. Brachet, par exemple, considère l'anorexie presque immédiate survenant après la section nerveuse, comme due au rôle que jouent normalement les pneumogastriques dans la conduction de la sensation. Mais, à ce titre-là, de nombreux nerfs tiennent sous leur dépendance cette sensation, puisque celle-ci peut disparaître aussitôt après une lésion des parties inférieures de la moelle, du nerf sciatique, du plexus brachial.

On ne saurait invoquer en faveur du rôle spécial joué par les vagues ce fait, que l'anorexie, consécutive à leur section, est de plus longue durée qu'après les traumatismes précités. Ne savons-nous pas que la double vagotomie entraîne des lésions inflammatoires du poumon capables de déterminer une anorexie qu'on attribuerait à tort à la seule section nerveuse ?

Il n'y a pas lieu davantage de supposer que la vagotomie aura des effets différents sur la faim, suivant le lieu de la section.

Schiff a pratiqué cette section, soit au cou, soit au-dessous du diaphragme. Il s'est assuré dans ce cas de la section complète de tous les rameaux gastriques et hépatiques.

Les résultats observés sont semblables à ceux que provoque la section sus-diaphragmatique, avec cette différence que, l'opération étant moins grave, l'observation a duré bien plus longtemps. Durant leur longue survie, les animaux ont toujours montré le retour de l'appétit et ont absolument mangé comme à l'état normal.

Que conclure de ces diverses expériences, sinon que les vagues ne jouent probablement aucun rôle particulier ?

b) *Rôle du Sympathique*. — On ne sait que peu de chose sur la fonction de ce nerf. Longet le considère comme la voie par laquelle la sensation de faim est transmise aux centres. Mais celle-ci persiste, bien que l'on extirpe les différents amas ganglionnaires et les différents rameaux du sympathique.

Ainsi Brunner et Hensen ont fait la section des splanchniques, et les animaux opérés continuèrent à manger avec tous les signes de l'appétit.

Bien plus, Schiff, opérant sur des lapins, sectionne les deux vagues, les deux sympathiques et extirpe les ganglions cœliaques. Il a conservé les animaux pendant cinq à six jours et constate la persistance de l'appétit.

En l'état actuel de la science, il est donc bien difficile de préciser les voies de transmission de la faim. L'expérimentation n'a pas élucidé cette question pour la sensation principale qui accompagne le besoin de manger, c'est-à-dire la douleur gastrique. A fortiori, sommes-nous dans l'impossibilité de dissocier par

l'expérience les voies de conduction pour les sensations secondaires ?

L'ontogénie et la phylogénie permettent d'affirmer
que la sensation de faim existant chez le nouveau-né
doit être transmise par des conducteurs nerveux myé-
linisés. D'après les travaux de Flechsig, nous savons
que, dès le neuvième mois de la vie intra-utérine, une
partie du système nerveux commence à se myéliniser.
Ce système est représenté par des fibres dont les
cellules d'origine sont placées dans les noyaux gris
centraux faisant suite au ruban de Reil. Il est donc
probable que c'est grâce à lui que les sensations de
faim et de soif peuvent être perçues.

IV. — RÔLE DES CENTRES NERVEUX.

De quelque façon qu'on envisage la faim, qu'on la
considère comme une sensation d'origine locale, centrale ou périphérique, on est bien obligé de faire intervenir les centres nerveux dans le phénomène de
conscience de ce sentiment. L'appareil nerveux central joue donc un rôle, mais quel est-il ?

Les résultats expérimentaux ou cliniques que la
science possède sont également mal déterminés.

Certains auteurs, tel que Combes, Surrheim,
Broussais, admettent un centre particulier qu'il ap-
pellent l'organe de l'alimentivité. D'après eux, il serait placé dans les fosses latérales et moyennes de la
base du crâne, appartenant ainsi au cerveau propre-

ment dit. Rosenthal admet ce centre qu'il appelle centre de la faim.

D'autres, avec Stiller, admettent que l'excitation primitive de la faim se produit à la périphérie, au niveau des terminaisons nerveuses du vague et du sympathique dans l'estomac : nous savons ce qu'il faut penser de cette dernière opinion. Mais dans quelle région faut-il localiser ce centre de la faim, si tant est que ce centre existe ?

Tout d'abord on sait que la sensation de la faim est éprouvée par les animaux entièrement dépourvus de cerveau, que chez les fœtus anencéphales appartenant à l'espèce humaine les manifestations de la faim ont été observées. Sur un chien qui avait subi l'ablation de l'écorce cérébrale, Goltz a observé la persistance de la faim et le goût. Du manteau entier, il n'avait laissé subsister que l'extrémité de la base du lobe temporal, l'uncus. Au sujet des sensations gustatives de cet animal ainsi dépourvu de la corticalité cérébrale, Goltz rapporte un certain nombre de faits intéressants. Nous empruntons à J. Souzy les détails qui suivent : « S'il y avait longtemps qu'il n'avait pas été nourri, il allait çà et là sans repos dans la cage en tirant rythmiquement la langue ; souvent des mouvements de mastication à vide s'associaient à ces mouvements de la langue. Tiré de la cage et placé sur une table, une terrine de lait devant la gueule, il commençait aussitôt à boire le lait avec les mêmes mouvements qu'un chien normal. Si, comme c'était l'habi-

tude, de gros morceaux de viande de cheval étaient
mélangés au lait et que le chien, en lappant le lait,
mit dans sa gueule un morceau de viande, il le mâ-
chait exactement comme un chien ordinaire... A le
voir boire et manger, il paraissait avoir de l'appétit
et dévorer avec satisfaction. »

Et plus loin : « Ce chien semblait éprouver les sensations de la faim et de la soif, puisque aux heures
des repas il accélérait ses mouvements de manège,
poussait même quelquefois des cris « d impatience »
et, de ses deux pattes de devant, se dressait sur le
bord de sa cage, d'où il était tiré deux fois par jour,
pour être immédiatement alimenté sur une table placée à proximité. »

D'après ces données, il paraîtrait donc logique de
chercher la localisation de ce centre dans le bulbe ra-
chidien ou la protubérance, puisque ces deux portions de centres existent chez les anencéphales. Cependant Stephen Paget, s'appuyant sur des observations anatomo-pathologiques, a cherché la localisation
corticale du centre de la faim, qu'il serait tenté de
placer au niveau de l'extrémité antérieure du lobe
temporo-sphénoïdal, près des centres du langage et
du centre olfactif. Ces conclusions s'appuient sur l'observation clinique de 14 malades atteints de trau-
matisme cérébral. Toutefois, il serait prématuré d'admettre l'existence de pareils centres sur ces seules
observations de Paget.

Joanny Roux les considère, à la suite de Schiff,

comme peu démonstratives ; selon lui, ce n'est pas
par l'observation anatomique que l'on pourra jamais
arriver à élucider le point d'arrivée de la faim à la
corticalité.

Revenant à sa théorie de la faim « somme de sensations multiples », leur arrivée doit se faire sur une
très large surface de la corticalité ; la lésion d'une
partie de celle-ci pourrait peut-être, et encore cela
n'est pas prouvé, diminuer cette somme ; une lésion
occupant toute l'étendue de cette surface serait incompatible avec la vie. Et Joanny Roux propose une
autre explication des observations de Paget : sous
l'influence des lésions cérébrales il s'est produit des
troubles nutritifs et ce sont eux qui ont provoqué la
sensation de faim anormale. Et il conclut son étude
sur les conducteurs anatomiques des sensations de
la faim en disant : « La sensation de la faim prend
naissance au niveau des éléments anatomiques ; elle
est recueillie probablement par les ramifications intra-
cellulaires ; chemine dans les nerfs sensitifs, généraux
ou sympathiques, la moelle, le ruban de Reil, les
ganglions gris centraux ; arrive enfin à l'écorce au
niveau des circonvolutions rolandiques. »

V. — PATHOLOGIE DU SENTIMENT DE LA FAIM.

Nous avons vu que la faim est une sensation dont
les caractères individuels, la localisation et l'intensité
sont éminemment variable . Tantôt elle se présente

avec violence, tantôt elle s'atténue au point de disparaître à peu près complètement. Ces deux cas extrêmes constituent des modifications pathologiques ; du
côté de l'exagération de la sensation nous trouvons
la boulimie, la polyphagie, la parorexie ; du côté de
son extrême atténuation, l'anorexie. C'est seulement
cette dernière que nous nous sommes proposé d'é-
tudier. Nous nous contenterons de caractériser les
autres.

Boulimie. — Cette affection consiste dans l'exagération de la sensation de la faim : elle est connue, soit
sous le nom de boulimie (βοῦς, ἰμος), de cynorexie,
(faim canine) de lycorexie (faim de loup). Bouveret
propose le terme d'hyperorexie comme mieux appro-
prié à la désignation de cette affection, car il signifie
mieux que tout autre l'exagération de la faim.

Tout d'abord, il importe de bien définir ce que l'on
entend par boulimie. Il est de toute évidence que l'on
n'est pas boulimique par le seul fait que l'on mange
beaucoup, puisque tout le monde ne mange pas également, que les uns absorbent relativement peu, et
les autres beaucoup. D'un autre côté, on connaît les
relations étroites qui existent entre les échanges nutritifs et la faim. D'une façon générale, on observe
que la faim croît au fur et à mesure que les pertes
de l'organisme augmentent. Est-ce à dire qu'un adolescent, un convalescent et les individus qui mènent
une vie active soient boulimiques ? Non, puisque

tous ont besoin d'une forte ration alimentaire : n'est
pas boulimique, celui dont la ration alimentaire,
quelque considérable qu'elle soit, est en rapport avec
ses besoins organiques.

Lorsque, au contraire, sans cause apparente, ce
rapport n'existe pas, lorsque les aliments ingérés
sont en très grande quantité, que le désir immodéré
de manger se fait sentir très souvent, et peu après un
repas suffisant, il s'agit là de boulimie.

On peut dire, en effet, que cette affection, ou mieux
cette névrose, a pour caractéristique essentielle la
répétition immodérée du besoin de manger. Mais ces
névrosés, en mangeant beaucoup et souvent, peuvent
momentanément calmer leur appétit vorace.

Polyphagie. — Alors que la boulimie se caractérise
par la répétition immodérée du besoin de manger, la
polyphagie est généralement associée à la diminution
ou à la supression de la sensation de la faim. Le boulimique mange souvent et relativement peu, le poly-
phagique mange beaucoup. Le premier assouvit
assez facilement sa faim ; le deuxième n'y arrive
qu'après avoir absorbé de très grandes quantités
d'aliments ; et encore ! Telle est la différence essentielle qui existe entre ces deux altérations patologi-
ques de la faim.

Comme la boulimie, la polyphagie est quelquefois
indépendante de toute affection. Dans d'autres circonstances elle n'est qu'un symptôme ; dans ce cas,

on l'observe fréquemment au cours des affections organiques de l'encéphale : dans l'hystérie, la neurasthénie, et dans certaines maladies générales comme le diabète.

Parorexie. — Ce terme s'applique aux perversions de l'appétit qui présentent trois degrés différents : la malacia, le pica, l'allotriophagie. On donne le nom de malacia à cette affection particulière qui se traduit par l'envie irrésistible de manger des substances moins alimentaires qu'excitantes, comme les divers condiments : le poivre, les fruits verts, les cornichons, la salade, etc...

La pica diffère de la malacia en ce sens que les malades qui en sont atteints mangent des substances absolument inusitées.

L'allotriophagie, d'après Bouveret, « est l'habitude prise, la manie d'avaler des choses extraordinaires. Sont allotriophages, les aliénés qui mangent leurs excréments, certaines peuplades qui mêlent de la terre à leurs aliments, les hystériques qui se plaisent à avaler des aiguilles et des épingles. »

Ces perversions de la faim, et particulièrement la malacia, la pica, sont fréquentes chez les enfants, les femmes enceintes, les chlorotiques. Les objets ingérés avec plaisir sont très variés. Par exemple, les chlorotiques se régalent de charbon, de plâtre, de cendres, de poivre, de sel. Plus rarement l'appétit se pervertit au point de se porter sur des objets dégoûtants tels que les poux, les fourmis, les araignées, les matières fécales, le fumier. De même, la malacia et la pica, qui sont presque toujours associées, s'observent au cours d'autres affections organiques du cerveau, l'aliénation mentale, l'idiotie, et les névroses telles que la neurasthénie et l'hystérie.

L'allotriophagie peut également survenir, au même titre que la malacia et la pica, au cours des affections que nous venons de rappeler. Nous voulons parler de la géophagie. En dehors des malades qui ont une appétence marquée pour les substances étranges comme la terre, il existe des peuplades entières dont tous les individus sont atteints de ce goût singulier ; la terre est pour ainsi dire un met national. On l'observe surtout dans la zone torride.

Anorexie. — Le terme anorexie (dérivé de α privatif ορεξις, appétit), signifie manque d'appétit.

Bien qu'il soit nécessaire de ne pas confondre le manque d'appétit avec le dégoût que nous inspire tel ou tel aliment, il faut cependant reconnaître que le terme anorexie, faute d'autre, est applicable aux deux cas.

Autrefois, on considérait l'anorexie comme une maladie bien distincte, délimitée et complète. A l'heure actuelle on ne doit l'envisager que comme le symptôme d'un état général ou local. Nous le retrouvons dans des affections très variées. En général, on peut dire que l'anorexie s'observe dans toutes les mala-

dies aiguës qui s'accompagnent d'un état fébrile. De
là un vieil adage : « la fièvre nourrit ». Sous l'influence des troubles apportés aux fonctions organiques
par la fièvre, la sensation de faim disparaît d'une façon
constante dans les maladies comme les diverses
phlegmasies aiguës, fièvres éruptives, le typhus, la
fièvre intermittente, etc...

Chacun de nous a pu observer sur lui-même ce
fait, au cours d'une poussée fébrile, même légère. Ce
n'est pas là un des effets les moins inconstants de la
fièvre.

Mais, si l'anorexie paraît être l'apanage des maladies aiguës, elle s'observe moins fréquemment dans
les affections chroniques. On cite par exemple des
malades atteints de tuberculose pulmonaire, qui malgré la coexistence d'un état fébrile permanent, con-
servent cependant un excellent appétit.

Il en est parfois de même au cours de l'évolution de
tumeurs cancéreuses des parois intestinales, qui s'accompagnent de poussées fébriles continues.

Encore pouvons-nous considérer que l'anorexie
dans ces affections fébriles est une manifestation des
troubles apportés dans l'organisme par l'hyperther-
mie. Autrement dit, la cause de l'anorexie serait d'un
ordre général.

Nous signalerons encore l'anorexie des phtisiques.
Elle ne survient peut-être pas tout à fait au début
de la tuberculose pulmonaire, mais elle ne tarde pas
à s'accentuer avec les progrès de la lésion. Elle peut

alors, ou bien constituer un symptôme spécial, indé-
pendant des autres, ou bien elle peut être la suite de
la répugnance qu'inspirent à ces malades les vomissements, les quintes de toux, qui suivent fréquemment l'ingestion des aliments.

Les maladies organiques des centres nerveux sont
également susceptibles de retentir sur la sensation de
la faim, et l'anorexie possède alors une valeur prodromique que l'on connaît bien depuis longtemps.
Béhier, à ce sujet, rapporte l'observation suivante :
Il s'agissait d'un vieillard qui déjà, depuis plusieurs
mois, éprouvait un invincible dégoût pour toute espèce
d'aliments. On cherchait si cette anorexie persistante
n'était pas due à un cancer de l'estomac, lorsqu'une
hémoragie cérébrale vint frapper le malade. Cette répulsion pour tout aliment, quel qu'il fût, avait été le
premier signe de la maladie cérébrale.

On retrouve le même symptôme au début de l'encé-
phalite. L'anorexie se rencontre aussi très souvent
dans la période prodromique de la méningite tuberculeuse chez l'enfant, et en général dans toutes les
affections des centres nerveux, affections particulièrement fréquentes, comme on le sait, chez les enfants
et chez les vieillards.

Enfin, nous signalerons l'anorexie au cours de la
chlorose. Dans cette maladie, les manifestations du
sentiment de la faim peuvent être différentes. Tantôt
on constate l'exagération ou la perversion, tantôt,
et c'est, croyons-nous, le cas le plus fréquent, la sen-

sation est presque abolie. A ce point de vue, la chlorose se rapproche de certaines maladies nerveuses
qui s'accompagnent de la perte de sensation de la
faim.

Balestre dit en effet : « L'aliénation mentale, sous
toutes ses formes et dans toutes ses variétés, donne
assez souvent l'occasion d'observer des phénomènes
d'inanition. En effet, les mélancoliques, les mania-
ques, les déments, les paralytiques, sous 'linfluence de
conceptions délirantes ou d'une lésion organique, refusent toute espèce d'aliments ; les uns croient qu'on
veut les empoisonner, les autres s'imaginent qu'ils
n'ont plus d'estomac, qu'ils ont le tube intestinal bou-
ché, qu'ils sont morts, etc... De là le refus souvent
invincible des uns et des autres à prendre les aliments
qu'on leur offre : quelques-uns feignent de faire leur
repas comme d'habitude, mais ils n'ingèrent à dessein
qu'une très petite quantité d'aliments. Au bout d'un
certain temps, les phénomènes propres à l'inanition
apparaissent nets et rapides, si l'alimentation est
nulle ou presque nulle : insidieux et plus lents, si les
aliénés prennent à chaque repas une petite quantité
de nourriture. »

Chez nombre de dyspeptiques, de dyspeptiques
neurasthéniques en particulier, l'inappétence parfois
accompagnée de dégoût n'est qu'une mauvaise habitude qui s'est constituée de la façon suivante : les
malades ressentant des douleurs ou une gêne plus ou
moins vives après les repas, restreignent progres-

sivement leur alimentation ; de ce fait leur appétit diminue peu à peu, disparaît et une anorexie véritable s'établit. Ces malades, en état d'inanition relative, ne voient renaître leur faim qu'après avoir, pendant quelque temps, forcé leur appétit ; ils reprennent bientôt quelque vigueur physique et psychique et perdent peu à peu leur mauvaise habitude.

Cette variété d'anorexie des dyspeptiques névropathes, sur laquelle la psychothérapie a souvent, sinon toujours, une grande influence, est voisine de l'anorexie que nous allons étudier, mais s'en distingue cliniquement.

CHAPITRE II

L'Anorexie mentale

DÉFINITION

L'anorexie mentale est une psychonévrose pubérale, conséquence d'une perturbation physico-psychique ; elle est caractérisée par un refus d'alimentation qui entraine la perte de l'appétit puis de la faim.

Elle est susceptible de guérison, ou peut au contraire, par chronicité, se terminer par des accidents dus à l'inanition prolongée.

VI. — HISTORIQUE

En 1789, le Dr Naudeau, de Saint-Etienne-en-Forez, publie dans le *Journal de médecine, chirurgie, pharmacie*, une observation sur « une maladie nerveuse accompagnée d'un dégoût extraordinaire pour les alimens ».

C'est la plus ancienne publication dont nous ayons connaissance sur le sujet. Le terme d'anorexie, si critiqué depuis, n'y est certes pas employé, mais le tableau clinique suffit à nous convaincre qu'entre la malade de Naudeau et celles que l'on catalogue aujourd'hui anorexiques mentales secondaires, il n'y a qu'une différence de classification qu'on a mis plus de cent vingt ans à établir pour en trouver chaque jour de nouvelles.

En 1859, Briquet mentionne une anorexie d'origine nerveuse dans son *Traité de l'hystérie*.

Dans une réunion de la British Medical Association tenue à Oxford, en 1868, Sir W. Gull attire l'attention sur une maladie caractérisée par une émaciation extrême, une perte d'appétit survenue sans cause et sans aucune lésion organique, l'état de la malade faisant croire à une tuberculose latente ; il l'appela, pour « attirer l'attention », disait-il, « apepsia hysterica ».

Brugnoli publie en 1871 un mémoire à l'Académie des sciences de Bologne, sur l'anorexie en général et y fait mention de l'anorexie d'origine nerveuse.

Mais en tant que « manifestation primitive, tout à fait spéciale » pour employer le vocable même de l'auteur, l'anorexie hystérique a été décrite pour la première fois en France par Lasègue.

Dans un mémoire qui fait époque en la matière,

paru en avril 1873, Lasègue, après avoir signalé la
fréquence des manifestations de l'hystérie sur l'appareil digestif, ajoutait : « L'objet de ce mémoire est
de faire connaître une des formes de l'hystérie à
foyer gastrique assez fréquente..... Le nom d'anorexie
aurait pu être remplacé par celui d'inanition hystérique, qui représenterait mieux la partie la plus saillante des accidents. J'ai préféré sans la défendre autrement la première dénomination, justement parce
qu'elle se rapporte à une phénoménologie moins su-
perficielle, plus délicate et aussi plus médicale ».

L'anorexie hystérique serait caractérisée par la
perte « de l'appétit de l'alimentation ou de l'aliment »;
cet appétit pouvant être supprimé « sans que le malade éprouve d'autre sensation que le regret d'être
privé d'un excitant qui l'invite à la nourriture. Il n'en
résulte pas de répugnance et souvent le proverbe qui
veut que l'appétit vienne en mangeant se trouve jus-
tifié.

« Dans d'autres conditions le malade éprouve une
répulsion plus ou moins vive pour certains aliments ;
dans d'autres enfin toute substance alimentaire quelle
qu'elle soit provoque le dégoût. Si générale que soit
l'inappétence elle a toujours une échelle graduée et
les aliments ne sont pas indistinctement repoussés
avec une égale insistance. »

Puis Lasègue trace un tableau magistral, trop connu pour le rapporter ici, de cette « perversion mentale » ainsi qu'il appelle l'anorexie hystérique. Ses

observations, au nombre de huit, sont toutes relatives à des femmes, la plus jeune âgée de dix-huit ans, la plus âgée de trente-deux.

L'affection aurait une durée moyenne de 18 mois à 2 ans ; elle ne récidiverait pas et n'entraînerait pas la mort, au moins dans les cas qu'il a observés.

La même année, dans la séance du 24 octobre 1873 de la Clinical Society de Londres, W. Gull rappelle sa communication de 1868, à la *British médical association* et rapporte en même temps un cas dans lequel la mort était survenue par le seul fait des progrès de l'inanition et d'une thrombose des veines crurales. Il aime mieux maintenant le terme « anorexey » tout simplement, parce qu'il répond mieux aux faits. En effet tout en rattachant l'anorexey ou l'anorexia nervosa à l'hystérie il reconnaît que certains anorexiques ne présentent aucun symptôme de la névrose.

A la suite de Sir W. Gull, dans cette même séance de la « Clinical Society » le Dr Quain prit la parole. Il raconta l'histoire d'une malade qui avait perdu l'appétit et ne mangeait pas, si bien qu'elle ressemblait à une momie du « British Museum ». Il lui donna du thé, du bœuf aromatisé de clous de girofle ; et pour avoir plus l'aspect de médicament, illusion qu'il fallait donner à la malade, il le lui présentait dans une coupe spéciale ; cette malade prenait en outre la potion alcoolique de la pharmacopée anglaise. Elle guérit, mais après une rechute.

Le Dr Quain ne croit pas rattacher cette maladie à

l'hystérie, parce qu'il n'en trouve pas les stigmates ;
il croit à une cause périphérique, plutôt qu'à une
cause centrale : c'est la congestion de la membrane
muqueuse de l'estomac qui doit jouer le rôle important.

Le Dr Greenhow, à la suite, cite deux cas semblables
qu'il eut à observer.

1° Le premier chez une jeune fille qui est arrivée
progressivement à ne plus manger. Il la fit sortir de
chez elle et la fit amener dans une maison de santé
près de Londres. Au bout de quelque temps, elle rentra dans sa famille totalement guérie.

2° Le second cas s'est présenté aussi chez une
jeune fille qui avait perdu l'appétit, elle était amaigrie. Au bout de six semaines d'isolement, son état
changea ; mais elle rechuta, une fois rentrée chez
ses parents. Il recommença de nouveau le même traitement, et cette fois la jeune fille rentra, mangeant
comme tout le monde.

Le Dr Greenhow insiste ainsi sur l'isolement, pour
le traitement de cette maladie.

Le 21 mai 1881, le Dr Dowse présente à la Clinical
Society un nouveau cas d'anorexia nervosa.

Huchard, en 1883, rapportant les phénomènes déjà
décrits par Gull et Lasègue, insiste sur ce fait que
« l'anorexie est entretenue par un état mental particulier », sur lequel il est important de veiller ; « à
maladie psychique, dit-il, on doit opposer un traite-

ment psychique, il faut inspirer confiance aux malades, leur parler quelquefois avec autorité ».

C'est lui qui applique le premier l'heureuse dénomination d'anorexie mentale.

A la suite et la même année 1883, Deniau, dès le début de sa thèse sur "*hystérie gastrique*, déclare vouloir distinguer deux variétés d'anorexies : « l'anorexie gastrique » et « l'anorexie mentale ».

« Dans l'anorexie gastrique, dit-il, la disparition du besoin d'assimiler n'est qu'une conséquence immédiate de l'état spécial de la nutrition générale chez les hystériques, état spécial où la désassimilation tombe à son minimum physiologique et rapproche l'hystérique des animaux hibernants. Ce qui distingue cette anorexie de la variété suivante, c'est que malgré une diminution partielle ou totale de l'appétit, non seulement la malade ne maigrit pas sensiblement, ne périclite pas du fait de son abstinence instinctive ; mais c'est qu'elle ne montre aucune répugnance spéciale à se nourrir.

« L'autre variété relève plus d'un trouble mental que d'un trouble digestif et, pour cette raison, mérite plus spécialement encore le nom d'anorexie hystérique ».

Rosenthal, en Allemagne, classe cette maladie parmi les névroses de l'estomac et l'attribue à une hyperesthésie des terminaisons gastriques des nerfs de la dixième paire, développant une sensation insolite et très précoce de satiété.

Charcot, en 1887, dans une leçon sur l'isolement

dans le traitement de l'hystérie rapporte un de ces cas d'anorexie « qui confinent à l'hystérie mais ne lui appartiennent pas toujours en propre » et déclare ne pas trouver chez l'anorexique les stigmates : anesthésie, rétrécissement du champ visuel « qui font rarement défaut chez l'hystérique » ; il l'appelle : « anorexie mentale ».

Les travaux de Gilles de la Tourette et de Cathelineau sur la nutrition dans l'hystérie, parus en 1883, font ressortir, contrairement à l'opinion émise par Empereur dans sa thèse, que les hystériques ont besoin de manger pour vivre et que par conséquent l'anorexie susceptible de terminaison fatale doit être rapidement enrayée.

En 1891, Sollier publie un travail sur *les formes pathogéniques de l'anorexie hystérique et son traitement moral*, proposant la nouvelle dénomination, un peu barbare, avoue-t-il, de sitiergie hystérique (σιτος, aliment, αργω, je repousse), et la classification en anorexie primitive dans l'hystérie monosymptomatique ; la deuxième, secondaire à d'autres manifestations de la névrose, distinction déjà adoptée par Bouveret (Observation I).

En 1892, le Dr Wallet publie deux cas d'anorexie que nous reproduisons ici, observations intéressantes par la chute et le relèvement de la courbe des poids en relation avec le refus ou la reprise de l'ingestion des aliments (Observation III, IV).

La même année, Ch. Féré publie dans sa *Patho-*

logie des Emotions, un cas d'anorexie, suite d'absti-
mence volontaire (Observation II) et Caryophilis,
un complexus symptomatique constitué par de l'aphagie, alalie, astasie-abasie où la suggestion forcée à
l'état de veille semble avoir fait merveille sur l'anorexie après deux rechutes.

Dans son *Traité des Maladies de l'Estomac*, paru en
1893, Bouveret admet avec Sollier l'origine hystérique de l'anorexie nerveuse et maintient les termes
d'anorexie primitive et anorexie secondaire dont il
s'était déjà servi.

Kissel, en 1894, présente à la Société de Pédiatrie
de Moscou un cas d'anorexie hystérique grave chez
une jeune fille de 11 ans.

Collins, en Angleterre, publie un cas de guérison
« d'anorexia nervosa ».

Et la même année Brissaud et Souques publient,
dans la *Nouvelle Iconographie de la Salpêtrière*, une
observation de « délire de maigreur », chez une hystérique (Observation V).

Pour ces auteurs, c'est à la suite d'une idée fixe
consciente ou subsonsciente que s'établit toujours
l'anorexie, « véritable délire », que l'appétit soit perdu ou non.

Au congrès de médecine de Lyon, la même année,
Sollier et Parmentier démontrent expérimentalement
que l'anorexie hystérique tient à une anesthésie de
l'estomac dont les variations de chimisme suivent rigoureusement les variations de la sensibilité, don-

nant ainsi la clef des particularités observées au cours de l'état d'anorexie.

En 1895, Lockart Stephens, Inches P. R., communiquent des observations typiques d' « Anorexia nervosa » ; C. F. Marshall cite un cas d'anorexia nervosa d'origine tuberculeuse, de tuberculose latente, suivi de mort, que nous étudierons plus loin.

Seltmann, la même année, sous le nom d' « anorexie cérébrale » donne un exemple d'anorexie mentale guérie d'une façon étonnament rapide, par un traitement électrique ayant influé sur la circulation corticale et amélioré les causes cérébrales de la non-nutrition.

Toujours en 1895, Gilles de la Tourette, a propos des manifestations de l'hystérie, retrace dans son traité la maladie Lasègue-Gull et propose le terme d'anorexie primitive faisant ainsi de l'anorexie le premier symptôme en date de l'hystérie.

Au Congrès de Bordeaux, la même année, dans une communication, Sollier abandonnant sa dénomination de sitiergie propose de nouveau le terme d'anorexie mentale. Dans la discussion qui suit, la première sur ce sujet, Régis voulant faire ressortir l'influence qu'il attribue à la puberté — long processus de développement qui va de l'adolescence à l'âge fait — dans la pathogénie de l'anorexie nerveuse propose l'appellation d' « anorexie cachectique de la nubilité ».

Au mois d'octobre 1895, Debove publie un cas d'ano-

rexie chez une névropathe qui, loin d'offrir le moindre stigmate hystérique, est susceptible, vu ses antécédents et sa tristesse habituelle, d'évoluer vers la
mélancolie.

Le Dr Paul Dubois, de Saujon, indique, en 1896, un
traitement de l'anorexie ayant eu un résultat positif
par les injections hypodermiques de morphine.

Dans son livre sur la *Genèse et la Nature de l'hystérie*, Sollier consacre, en 1897, une longue étude aux
phénomènes anorexiques dans lesquels il étudie les
modications de la sensibilité, de la motricité, du chimisme gastrique et les réactions volontaires du sujet
à l'alimentation.

P. Janet et Raymond dans *Névroses et Idées fixes*,
en 1898, Gasne en 1900, Chaffey, Raymond, Fernet
en 1902, Legendre en 1903, rappellent les théories
déjà émises sur l'anorexie mentale et publient des
observations.

En 1903, P. Janet, dans *Les Obsessions et la Psychasthénie*, étudie l'obsession de la honte du corps
qui s'accompagne toujours d'anorexie; dont les deux
caractères principaux sont la suppression complète
ou à peu près complète de la faim et le besoin exagéré de mouvement physique.

Le professeur Dubois, de Berne, en 1904, consacre à
« l'anorexie mentale », qu'il fait suivre du sous-titre
de « dégoûts, sensation de constriction et d'écœure-
ment », plusieurs pages dans son livre ; *Les Psychonévroses et leur traitement moral.*

Dancourt, dans sa thèse : « *Manifestations gastriques chez l'enfant* », conclut que l' « anorexie et autres troubles de l'appétit ne rentrent pas dans cette classe ».

Taylor, Moura en 1904, Buval, Féré et Girou, (observation VI), Ostheimer, Knapp, Kemp, Raymond en 1905, Friedlander, Nobécourt et Merklen, Laporte en 1906, publient des observations d'anorexie mentale.

Gilbert Ballet, en 1907, voit dans l'anorexie nerveuse une perturbation psycho-sensorielle ayant son origine dans un trouble d'une sensation profonde, la cénesthésie, qui, dans le cas particulier, est constituée par la faim, il l'appelle « anorexie dyscénesthésique ».

En 1908, Comby fait paraître un mémoire très important dans les *Archives de médecine des enfants*. Il note que cette maladie « se développe sur un terrain propice, le tempérament nerveux héréditaire, la faiblesse de constitution, etc.... Mais tout cela, dit-il, ne fait pas l'hystérie ».

Boulade-Périgois, Forchheimer, Crozer-Griffith, Filliozat, étudient à sa suite l'anorexie chez les enfants.

En 1909, André Thomas, Bérillon, Hutinel, Gilbert Ballet ; en 1910, Tarrius (observation VII), Legendre, Carr, Sollier, Blum ; en 1911, Poix (observation IX), P. Janet, Buffet-Delmas (observation X), s'occupent de l'anorexie mentale, publient des observations et les commentent.

Sollier, reprenant à la Société de Neurologie de Bruxelles, la question des Anorexies nerveuses, cherche à établir qu'il existe dans l'anorexie mentale diverses formes dues à des origines un peu différentes et qu'il range sous une dénomination générale de « Psychopathies gastriques ».

Dejerine et Gauckler, dans leur livre *Psychonévroses et leur traitement par la psychothérapie*, consacrent tout un chapitre à l'anorexie mentale dans laquelle ils distinguent l'anorexie mentale primitive et l'anorexie mentale secondaire. « Dans l'anorexie mentale primitive — celle où primitivement et souvent volontairement, l'alimentation pour des causes variées, se trouve être réduite — deux ordres de faits doivent être considérés. Tantôt l'inappétence est d'origine émotive. Tantôt la restriction alimentaire est, au début, purement volontaire ».

L'anorexie mentale secondaire est « celle où la restriction alimentaire se fait en vue d'obvier à des troubles digestifs antécédents ». Et plus loin : « L'anorexie mentale secondaire diffère de l'anorexie primitive par un certain nombre de points. Tout d'abord, sous cette forme, les deux sexes peuvent être également frappés, tandis que, ainsi que nous l'avons déjà indiqué, l'anorexie mentale primitive s'observe surtout chez la femme.

En 1912, Buffet Delmas, Brelet, Kamal dans sa thèse s'occupent d'anorexie mentale.

Enfin, tout dernièrement, en mars 1913, Mr Schnyder étudie les anorexies de la puberté dont il distingue deux formes : l'anorexie mentale passive avec

dépression générale, inquiétude et instabilité morale,
insomnie.

L'anorexie mentale active, trouble « voulu et provoqué » chez des sujets ayant une « nature sensuelle
et de la scrupulosité », anorexie qui est pour les malades une « réaction de défense irrationnelle ».

On voit par le simple exposé des ouvrages publiés
sur le sujet de notre travail combien les opinions
ont différé sur l'appellation à donner à cette maladie.

C'est d'abord l'anorexite hystérique, maladie de
Lasègue-Gull ; mais on s'aperçoit que les stigmates
hystériques manquent souvent. On se contente alors
de la dénomination plus large d'anorexie nerveuse.

Puis la nouvelle interprétation de l'hystérie comme
maladie mentale alors que l'on trouve dans toute
manifestation hystérique une origine psychique, fait
que l'ancienne terminologie est devenue vague, incomplète et partant insuffisante.

On s'arrête de nouveau au terme d'anorexie mentale qui semble prévaloir maintenant.

OBSERVATIONS

OBSERVATION PREMIÈRE

Sitiergie Hystérique. P. SOLLIER. *Revue de Médecine*, 1891

Mlle X..., est âgée de 17 ans. Son père et son oncle paternel sont ce qu'on appelle vulgairement des cerveaux brûlés. Sa mère est débile. Elle n'a pas eu de convulsions dans l'enfance, et aucune maladie jusqu'à l'âge de sept ans. A partir de cette époque, étant en pension, elle avait des vomissements de bile et des saignements de nez chaque fois qu'elle avait des examens à passer. Retirée à neuf ans de la pension, elle continua à être sujette à ses vomissements bilieux qui survenaient sans cause apparente, sans contrariété, ni malaise, et se produisaient spontanément, sans effort, précédés seulement d'une légère nausée. Elle vomit toujours du reste avec la plus grande facilité, ce qui paraît être une disposition héréditaire. Son père en effet vomit dès qu'à table on parle d'un bossu ou d'un boiteux. Elle fait de même si en mangeant on fait allusion à quelque chose de répugnant. Sa tante maternelle présente une susceptibilité semblable.

Réglée à douze ans et demi, à la suite de fièvres in-
termittentes (?) qui sont assez communes dans son
pays. L'accès aurait duré quatre à cinq semaines. C'est
le seul qu'elle ait jamais présenté. Les règles ont toujours été régulières depuis cette époque.

A quatorze ans elle aurait eu un embarras gastrique
avec constipation opiniâtre.

Vers Pâques de l'année 1889, à la suite d'une longue
promenade, sans incident d'aucune sorte, elle se plai-
gnait de mal de cœur, et à peine rentrée chez elle se
mit à vomir de la bile pendant deux heures, sans discontinuer. Elle vomissait sans effort, sans douleur
de l'estomac ni du foie. Il vint un peu de sang à la
fin.

A partir de ce moment elle vomit de la bile presque
tous les jours. En même temps elle mangeait énormément et était insatiable. Au bout de quinze jours ces
vomissements bilieux furent moins fréquents et ne se
montrèrent plus que de temps à autre, mais furent
remplacés par des vomissements alimentaires. Ceux-
ci persistèrent jusqu'au mois de décembre, sans déterminer cependant beaucoup d'amaigrissement.

Au mois de décembre, nouveau vomissement bilieux
pendant vingt minutes, lequel se reproduisit pendant
trois jours consécutifs.

Le 19 janvier 1890, un coup de tonnerre lui ayant
fait très peur, elle eut un petit accès de surexcitation.
Elle fut prise ensuite de l'influenza qui régnait alors,

et resta alitée pendant huit jours. Pendant ce temps elle présenta de la photophobie assez intense.

A la suite de l'influenza elle fut prise de vomissements beaucoup plus fréquents. Elle continuait à manger toujours beaucoup, mais vomissait immédiatement ou au plus une demi-heure après le repas. Ces vomissements alimentaires étaient toujours un peu porracés.

Le 15 février, elle eut ses règles pendant douze jours, et fut prise alors de vomissements soit alimentaires, soit bilieux, même en dehors des repas, et plusieurs fois par jour, sans une cause apparente.

A partir de ce moment elle ne se sentit plus faim et refusa de manger. Elle dut s'aliter et ne prit plus que du lait et du champagne.

Le sommeil disparut. De plus elle avait une amnésie considérable et ne reconnaissait plus personne. Le son des cloches et le bruit du chemin de fer lui donnaient des attaques de contracture dans les membres supérieurs, qui duraient dix minutes environ.

A Pâques elle présenta de l'amaurose pendant une quinzaine de jours.

Au mois de mars les médecins firent le diagnostic de péritonite et la condamnèrent. Pour la tirer de là on imagina de lui faire absorber une grande quantité de café noir. A la suite de cette ingestion immodérée elle eut une grande attaque d'hystérie, à la suite de laquelle elle resta en léthargie pendant trois quarts d'heure,

Pendant les mois de mars, d'avril et de mai, on ne la nourrit plus qu'avec des lavements alimentaires. Elle ne prenait même plus de lait qu'elle vomissait. De temps à autre seulement on lui donnait un peu d'eau et de bouillon. Elle refusait obstinément les aliments, prétendant que cela lui faisait mal à la gorge, qu'elle affirmait très rétrécie et à l'estomac où elle avait une sensation de cuisson et de constriction. Elle ne pensait pas à manger, et quand on lui en parlait elle disait qu'il n'y avait pas assez longtemps. Elle avait de plus l'appréhension de la douleur. Non seulement la sensation de la faim avait disparu, mais même la sensation de la soif et elle ne buvait plus que « pour uriner ».

En même temps elle faisait des scènes continuelles à sa mère, qui était son esclave, et avait tous les caprices et toutes les exigences imaginables, qu'on s'empressait du reste de satisfaire.

Au mois de mai, elle eut encore un vomissement bilieux qui dura vingt minutes. A partir de ce moment elle ne vomit plus du tout, mais ne prit plus que quelques gorgées d'eau ou de vin de Bordeaux.

Depuis le mois de mars la miction était troublée. Elle eut d'abord de la rétention d'urine pour laquelle on l'électrisa. Puis elle eut de l'incontinence. Elle ne se sentait pas uriner. A cette incontinence d'urine se joignit bientôt de l'incontinence des matières fécales.

Ses jambes étaient légèrement contracturées en flexion. A partir du mois de mars elle ne dormait pas

deux heures par nuit. Elle exigeait que sa mère restât
continuellement auprès d'elle et ne souffrait pas
qu'elle s'endormît, « puisqu'elle ne dormait pas ». Au
mois d'avril elle eut des cauchemars, des peurs nocturnes, des hallucinations de la vue. Elle voyait des
personnes sur son lit, autour d'elle.

L'amnésie allait en augmentant. Elle ne se rappelait
même plus qu'elle avait un frère. Elle ne reconnaissait
sa mère qu'à son tablier, son médecin à sa chaîne de
montre, et son père à son nez.

C'est dans ces conditions qu'elle me fut adressée par
mon excellent maître le Dr Hutinel, le 10 juin 1890.
Sa taille était de 1m72. Son poids n'était que 58 livres !
Elle était dans un état véritablement cachectique et
qui ne laissait pas d'être inquiétant, à cause surtout
de l'opportunité morbide pour la bacillose qu'elle pouvait offrir. L'amnésie était telle que je viens de le dire.
Elle était incapable de faire aucun mouvement des
jambes. Sa voix était faible et cassée. Il y avait incontinence d'urine et des matières fécales. Le corps était
squelettique, la peau était sèche, rugueuse, terne. Les
yeux très brillants étaient profondément excavés ; les
pommettes saillantes ; la face pâle. Les cheveux tom-
baient abondamment.

Le cœur avait des battements faibles et précipités.
Le pouls était presque filiforme et très dépressible.
Rien à l'auscultation de la poitrine. L'estomac était à
peine senti et très rétracté.

Anesthésie pharyngienne complète. Diminution gé-

nérale de la sensibilité, plus marquée à gauche.
Pas de points hystérogènes. Vu l'état mental de la malade, il est impossible d'examiner l'état des sens.

Malgré mon refus formel d'accepter de lui donner
mes soins si la mère voulait rester auprès de sa fille,
elle n'en voulut d'abord rien faire, quoique la façon
seule dont Mlle X... la regardait fit comprendre que
sa seule présence entraverait tout traitement, le traitement moral étant le seul à appliquer en pareil cas.

Je profitai de l'heure du déjeuner pour éloigner cette
mère récalcitrante et l'envoyer au jardin avec ordre
de ne la laisser pénétrer auprès de sa fille que lorsque
je l'autoriserais. Je fis alors monter un beefsteak sai-
gnant et seul avec l'enfant je lui en présentai de peti-
tes bouchées avec l'ordre de les avaler. Elle en prit
une non sans difficulté, puis deux, mais refusa absolument la troisième que je maintins contre sa bouche
pendant longtemps. Elle serrait les dents, regardant
sans cesse du côté de la porte, persuadée que sa mère
allait intervenir pour mettre fin à ce supplice. Et elle
me dit alors cette phrase caractéristique en me regardant fixement : « Oh ! je ne suis pas encore sous votre
domination ! » Je lui dis que si ce n'était que cela, elle
ne serait pas longtemps avant d'y être.

Je retournai immédiatement auprès de la mère à laquelle non sans peine, avec l'aide de son mari et de
son frère qui était médecin, on persuada de simuler au
moins un départ pour voir si réellement c'était sa présence qu'il était indispensable de supprimer. Remon-

tant aussitôt auprès de la jeune fille, je pris ostensiblement les affaires de sa mère en lui disant qu'elle s'était enfin décidée à la quitter et qu'elle ne reviendrait que lorsqu'elle mangerait convenablement. L'effet fut magique. Sitôt sa mère partie je remontai près d'elle et lui rappelant sa phrase, je lui intimai l'ordre de manger. Cette fois elle ne fit aucune résistance et absorba tout le beefsteak sans le moindre spasme. Dans la crainte qu'elle ne vomît, pour échapper ainsi à mon ordre, je l'avertis que si elle vomissait j'avais à ma disposition certains moyens auxquels elle ne résisterait pas longtemps, et la quittai sur cette menace.

Elle ne vomit pas et n'en fit pas la moindre tentative. Le soir, elle prenait un repas ordinaire composé de potage, viande et laitage, en quantité très raisonnable. A partir de ce moment elle continua à manger très régulièrement, de tous les aliments indistinctement, et dès le début en quantité nécessaire pour une jeune fille de son âge. Elle n'éprouva jamais la moindre douleur de l'estomac, le moindre spasme de la gorge, elle n'eut jamais ni vomissements, ni nausées.

Elle augmenta progressivement de poids.

Le 10 juin (à l'entrée) elle pesait.. 58 liv.

Le 15 — .... 61 liv. 350 gram.

Le 19 — .... 63 liv.

Le 22 — .... 64 liv.

Le 1er juillet.................... 65 liv. 430 gram.

Le 6 — .... 67 liv.

Le 15   —   ....,...... 71 liv.

Le 29   —   .... 73 liv.

Le 25 octobre (à la sortie)........ 89 liv.

En quatre mois et demi elle gagna donc 31 livres.

Tous les phénomènes qu'elle présentait disparurent progressivement. L'insomnie céda aussi rapidement que l'anorexie et à partir de la première nuit elle dormit régulièrement de dix à douze heures sans se réveiller, sans préjudice quelquefois, dans les premiers temps, d'une ou deux heures l'après-midi. Et cela sans le moindre médicament. Elle avait du reste à réparer cent dix-sept nuits d'insomnie presque absolue.

L'amnésie disparut assez rapidement en une quinzaine de jours. Puis l'incontinence d'urine. Dès qu'elle fut transportable on la mit aux douches froides qu'elle supporta très facilement. Au bout de deux mois elle put recommencer à marcher et à la fin du troisième elle marchait parfaitement seule et pouvait faire d'assez longues courses sans fatigue, ne conservant plus qu'un déhanchement qui dénotait encore un peu de faiblesse.

L'isolement fut maintenu complet pendant deux mois entiers, avec suppression même de correspondance. Cette jeune fille sortit de l'établissement le 25 octobre après trois mois et demi de traitement, ne présentant plus aucun signe hystérique. Les règles qui avaient cessé depuis le mois de février étaient réapparues au mois de septembre.

OBSERVATION II

Anorexie consécutive à une abstinence volontaire, par
Ch. FERÉ, 1892.

Mlle M..., quinze ans, est l'unique fille de parents
âgés qui se soumettent à tous ses caprices, et sont
d'une réserve sujette à caution sur ses antécédents héréditaires. Jusqu'en 1888, elle s'était, dit-on, toujours
bien portée, n'avait jamais eu aucun trouble nerveux ;
la seule circonstance qui avait pu inquiéter, c'est que
la menstruation n'avait pas encore paru. Tout d'un
coup, dans les premiers jours de mars, on remarqua
qu'elle cessait de manger. Elle disait simplement
qu'elle n'avait pas d'appétit. Le refus d'aliments portait d'abord sur certains aliments qu'elle n'aimait point
d'ordinaire. Les parents s'inquiétèrent bientôt de l'a-
maigrissement rapide qui ne s'accompagnait d'aucun
autre trouble ; la constipation notamment n'existait
pas alors. On s'ingénia à lui donner exclusivement les
mets qu'elle aimait, rien n'y fit. Un médecin fut appelé ; la visite provoqua une crise de nerfs, la première qui se fut présentée. On était au 15 avril. A
partir de ce moment on peut dire que le refus d'aliments fut à peu près absolu, elle prétendait que tous
la dégoûtaient ; elle n'acceptait qu'irrégulièrement des
aliments liquides et glacés, du champagne, des boissons alcooliques. Au bout de peu de temps il se pro-

duisit une constipation opiniâtre ; la malade refusant
tous les laxatifs, on essaya sans résultat de lui donner
de force des lavements ; on ne pouvait arriver à lui
procurer une garde-robe de loin en loin qu'en la prenant par la soif ; elle acceptait alors de l'eau-de-vie al-
lemande. Pendant une des luttes qu'on avait eu à soutenir à propos de cette constipation on constata un
fait qui avait passé jusqu'alors inaperçu. Elle porte sous
la chemise, directement sur la peau, une ceinture en
toile large de 4 centim., qui la serre comme l'entrave
ventrale d'un singe. Son corset était d'ailleurs aussi
serré que possible. On ne put pas la dissuader de continuer cette constriction. Elle prétendait d'ailleurs
qu'elle n'était nullement malade. A partir du moment
où elle avait cessé brusquement de manger, elle avait
montré un goût qu'on ne lui connaissait pas pour les
excursions à pied ; peu à peu elle avait exagéré la longueur de ses courses ; elle arrivait à ce que personne
ne pût la suivre, et elle se servait de cette circonstance
pour prouver son bon état de santé. Mais, à mesure
que l'abstinence se prolongeait, l'amaigrissement augmentait, les forces diminuaient. Vers le mois de septembre on dut cesser les courses, la marche étant devenue à peu près impossible. Peu à peu l'affaiblissement devint tel qu'à la fin de novembre la malade
était incapable de se tenir debout, même avec l'aide
d'une personne. L'alimentation était à peu près nulle,
la malade ne pouvait plus supporter les boissons alcoo-

liques, elle ne prenait que quelques gorgées de bouillon froid ou de lait.

A la fin janvier 1889, les parents, redoutant une fin prochaine, se décidèrent à l'amener à Paris dans une maison de santé, où ils s'installèrent avec elle. A cette époque l'affaiblissement en était arrivé au point qu'elle ne pouvait soutenir sa tête qui tombait d'une épaule sur l'autre au moindre mouvement. Sa maigreur était véritablement squelettique, du reste la malade, qui avait 1^{m}58 de taille, pesait 38 kilogrammes ; l'aspect général était celui d'un vieillard ; les yeux caves, le teint terreux ; les joues sillonnées de rides parallèles au pli nasogénien donnaient à la physionomie un aspect simien. La peau des membres et du tronc était sèche et écailleuse, les extrémités étaient froides, la peau des mains était humide d'une sueur visqueuse, rappelant le tégument d'un batracien ; l'extrémité des doigts offrait la coloration cyanotique qu'on voit aux cadavres. Sa parole est lente et provoque des crises d'anhélation et quelquefois la syncope. La langue est bonne, il n'y a point de fièvre ; le pouls petit, irrégulier, varie de 80 à 100. On ne trouve aucune trace de lésion organique au poumon ; il n'y a du reste pas de toux. Il existe un souffle anémique très prononcé, pas de douleur ovarienne, pas d'autre stigmate hystérique. Il existe un point douloureux du côté gauche de la nuque, peut-être dû à l'attitude.

La malade, gardée par sa mère, consent à prendre des douches, mais elle refuse obstinément les aliments

solides. Elle ne prend qu'une quantité tout à fait insuffisante de liquide. Son état continue à s'aggraver, la
faiblesse devient extrême. La mère n'ayant aucune autorité sur elle, nous l'engageons à quitter l'établissement, ce qu'elle ne consent à faire que le 6 février.
Elle est remplacée par une religieuse. En présence de
l'attitude nouvelle des personnes qui la soignent, la
malade a une crise de désespoir des plus violentes, déclare qu'elle se laissera mourir ou qu'elle se tuera, refuse de rien prendre et repousse tout son entourage.
Le lendemain, l'affaiblissement succède à la violence,
et la malade, qui depuis quelques jours était trop faible pour être portée à la douche, consent à prendre
un peu de lait toutes les deux heures et se laisse faire
des lotions froides. Le pouls et la température sont no-
tés chaque jour sans rien présenter de particulier :
le pouls reste à 90 environ, et la température oscille
entre 37° et 38°.

La constipation est combattue par des lavements et
des purgatifs légers que la malade, devenue très docile
au bout de huit jours, prend sans trop de difficultés.
La nourriture est augmentée chaque jour d'une manière presque insensible : des chocolats clairs, de l'ar-
row-root, puis du pain, des œufs et du jus de viande
sont peu à peu ingérés avec succès. La gaieté reparaît,
mais la faiblesse est encore grande. Au 15 février la
tête retombe encore d'une épaule sur l'autre. On recommence les douches ; peu après les muscles du cou

reprennent un peu de force et la tête a moins besoin d'être soutenue.

A partir du 1er mars, la malade commence à engraisser notablement et peut être considérée comme en pleine voie de guérison. Du 10 mars au 1er avril, elle a pris 15 livres. Tous les jours les membres sont soumis à des mouvements passifs. Dès les premiers jours d'avril, la malade commence à marcher, appuyée sur deux personnes. Le 15 avril elle marche seule. A partir de ce moment elle fait des promenades chaque jour plus longues.

Le 5 mai, elle quitte l'établissement, sa santé est excellente ; elle a de l'embonpoint, était capable de faire des promenades de deux ou trois heures. Les règles n'ont pas encore reparu.

Au point de vue mental, les modifications ne sont pas moins marquées. La gaieté est revenue, les bizarreries de caractère ont disparu.

Elle allait quitter l'établissement et rentrer dans sa famille, lorsque la religieuse qui la gardait nous annonça ,en présence de la malade, qu'elle avait une communication à nous faire. Elle avait découvert dans les vêtements de la malade des lettres écrites de sa propre main et qui constituaient un dossier particulièrement intéressant au point de vue de l'étiologie de la maladie. La malade, qui se sentait assez guérie pour consentir à la révélation, n'hésita pas à en donner la clef. Les lettres étaient adressées à un parent beaucoup plus âgé qu'elle et pour lequel elle avait conçu, étant à peine âgée de dix ans, une passion singulière. Ce parent ayant émis un jour devant elle un jugement très favorable sur une personne excessivement maigre, elle forma le projet de maigrir pour lui plaire ; ce projet se trouve détaillé dans les lettres qu'elle n'avait jamais d'ailleurs tenté de faire parvenir à leur adresse. Pour arriver à son but elle s'était mise à se serrer, à marcher le plus possible et à rester volontairement sur sa faim. Quand l'amaigrissement était venu, elle avait commencé à avoir de la constipation et un dégoût invincible pour les aliments. La suite de l'évolution des accidents avait échappé complètement à sa volonté.

OBSERVATION III

Anorexie hystérique (publiée par le Dr WALLET), 1892

A son arrivée à l'établissement hydrothérapique d'Auteuil, Mlle M..., âgée de 17 ans, est dans un état d'émaciation prononcée. Les os sont saillants sur tout le corps, les muscles très accusés, la peau terne, flasque, froide et visqueuse. Les yeux sont enfoncés dans l'orbitre, les lèvres boursouflées, la langue sale, l'haleine fétide.

Sur les jambes, la peau est couperosée et il y a un léger œdème sur le pied et au niveau des malléoles où le doigt laisse un instant son empreinte.

Les règles sont supprimées depuis plusieurs mois. La constipation est habituelle.

La taille de cette malade est de 1ᵐ6o, son poids de 27 kilogs 67o grammes.

Le cou au niveau du larynx mesure...........	23 c. ½
Le bras à l'attache du deltoïde..............	14
Le thorax en expiration....................	61
Le thorax en inspiration...................	65
La taille dans sa partie la plus étroite........	45
La cuisse, partie médiane..................	28
Le mollet, dans la partie la plus saillante....	22

Il n'y a pas de troubles de la sensibilité, ni de points hystérogènes, seulement une très légère diminution du champ visuel.

Dans les premiers jours cette malade demanda à continuer des promenades à pied qu'elle faisait durer toute l'après-midi ; je l'y autorisai à la condition qu'elle mangerait ce qui lui serait servi, elle y consentit et ne fit pas trop de difficultés à cet égard ; la digestion du reste ne lui causait jamais ni douleur, ni malaise.

Après quelques jours, la balance n'indiquant aucune augmentation de poids et l'aspect de maigreur ne se modifiant pas sensiblement, j'interdis les promenades hors du jardin de l'établissement. La malade se mit alors à le parcourir dans tous les sens du matin au soir, ce qui fut également défendu. Elle imagina donc de jouer au volant toute la journée, s'ingéniant à trouver

là un moyen de se démener beaucoup. Devant ce parti
pris de s'agiter incessamment pour que l'alimentation
devenue régulière et suffisante n'amenât point la disparition de la maigreur, ce qui était le but évident de
cette jeune fille, d'ailleurs intelligente, je dus lui pres-
crire le séjour à la chambre et bientôt après, comme
elle se livrait à une gymnastique sur place effrénée, le
séjour au lit, ce qu'on n'obtint qu'en lui enlevant ses
vêtements. Elle se mit alors, toutes les fois que sa garde
s'éloignait d'elle, à sauter sur le lit, à mouvoir bras et
jambes, à faire des gambades, des culbutes et des ges-
ticulations de toute sorte, prétendant se soustraire ainsi
à la nécessité de reprendre un certain imbonpoint. Cette expérience cependant ne dura point, le père, atten-
dri par les supplications de sa fille, ayant consenti à la
reprendre chez lui.

La malade n'a point trop caché que la cause de cette
résolution de ne pas manger, devenue presque sans efforts une habitude, était la crainte de se voir un peu
forte. Elle ne croyait pas que cet état d'extrême maigreur fut déplaisant et que la coquetterie eut dû l'en-
gager à s'arrêter plus tôt dans cette voie.

Quoique Mlle B... eut quitté l'établissement j'ai pu
prendre son poids chaque semaine pendant quelque
temps. Le voici : 27 k. 670, 27 k. 995, 28 k. 335,
29 k. 020, 29 k. 670, 31 k. 270, 31 k. 820, 32 k. 470,
33 k. 170, 34 k. 470.

A ce moment elle était encore très loin d'avoir re-
trouvé une santé robuste.

Les fonctions menstruelles s'étaient pourtant réta-
blies.

OBSERVATION IV

Anorexie hystérique (publiée par le D' WALLET), 1892

C'est au moment où Mlle V... est entrée comme pen-
sionnaire au couvent, à 12 ans ½, que l'idée lui est
venue qu'elle était trop grosse après avoir vu dit-elle
des camarades qui s'efforçaient de se faire maigrir en
buvant du vinaigre et en ne mangeant pas à leur faim.
Depuis cette époque, elle a toujours essayé d'obtenir ce
résultat et à cette fin elle mangeait très peu et prenait
tout ce qu'elle croyait mauvais pour son estomac.

Malgré ces tentatives ce n'est qu'au bout de près de
deux ans qu'elle réussit à dépérir.

A ce moment elle cessa de manger, n'acceptant plus
que des fruits acides et l'amaigrissement prit une marche rapide.

Interrogée sur les motifs de sa résolution, voici tex-
tuellement ce qu'elle m'a répondu.

« Il y a comme une force qui m'arrête quand je veux
manger.

« Je ne voudrais surtout pas grossir, mais de plus il
y a maintenant une habitude prise, c'est comme une
manie.

« J'aime mieux être comme ça que comme j'étais
avant.

« Après être restée sans manger pendant quelque temps, l'appétit a disparu, j'ai été pendant plusieurs mois sans avoir faim du tout, ensuite la faim est revenue. Maintenant je voudrais manger, mais c'est plus fort que moi, je ne peux pas, c'est comme si ça m'était défendu, je mangerais encore bien des choses qui ne nourrissent pas, mais ce que je sais être nourrissant c'est ça que je ne veux pas. Si je savais que je ne deviendrais pas trop forte, j'aurais peut-être la force de surmonter cette répugnance, mais ce n'est pas sûr.

« Il n'y a que la force qui réussira ou alors qu'on m'ôte cette idée de la tête, qu'on mette l'idée de manger à sa place.

« Je finirai peut-être par me persuader quand je verrai qu'on me donne plus de nourriture par la sonde et que je gagnerai à manger seule pour en avoir moins. »

Lors de son entrée à l'établissement hydrothérapique, le visage n'est pas trop amaigri, les sillons autour des commissures labiales et les rides du cou sont peu prononcées, la peau est restée assez élastique et ne garde pas les plis qu'on y fait, la langue n'est pas sèche ni l'haleine forte.

Les pieds jusqu'aux chevilles sont le siège d'un œdème assez prononcé que la marche exagère, ils sont enflés depuis un mois, le doigt s'y enfonce et sa trace est assez persistante.

Elle a constamment froid aux mains et aux pieds, ce qui l'oblige en juillet-août, à les garantir avec des mitaines et des bas chauds. Parfois elle sent un froid qui semble siéger dans les os, dit-elle, et se fait sentir dans le dos surtout.

L'appétit est conservé, les aliments qu'on sert près d'elle la tentent parfois et elle les met dans la bouche pour en avoir le goût qui lui procure une sensation de plaisir, mais elle les crache ensuite. Ce qu'elle mange est bien digéré, elle n'a jamais senti son estomac.

La constipation est très opiniâtre.

Le sommeil est régulier.

Depuis plus d'un an la menstruation est supprimée.

La taille est de...............................	1 m. 575
Le cou mesure................................	24 c.
Le thorax en expiration....................	62
Le thorax en inspiration...................	66
La taille.....................................	46
Le milieu de la cuisse......................	31 ½
Le milieu du mollet.........................	27
Le cou-de-pied..............................	22 ½

Le poids qui, avec les vêtements, était de 44 k. 500 alors qu'elle avait déjà maigri, n'est plus, en simple peignoir de laine, que de 35 k. 400 gr.

La malade a été alimentée à la sonde pendant cinq jours, la diarrhée s'est montrée dans les premiers jours, puis la constipation s'est reproduite.

L'œdème a beaucoup augmenté, il monte jusqu'aux genoux dont la circonférence au niveau de la rotule est alors de 34 centimètres ; il exsite aussi très sensiblement à la partie inférieure et interne de la cuisse. Les grandes lèvres sont le siège d'un œdème considérable, elles forment deux bourrelets saillants.

Depuis que cet œdème a gagné les parties supérieures du membre il se produit des envies d'uriner fréquentes et si brusques que la malade a à peine le temps de s'isoler. La quantité des urines est à ce moment même notablement augmentée.

Le poids qui était à l'entrée de 34 k. était après la première semaine de................ 36 k. 150 gr.
après la seconde semaine............ 36 k. 550

Elle avait donc gagné pendant la première semaine........................ 2 k. 150 gr.
et perdu pendant la troisième........ 4 k. 600

L'augmentation de poids de 2150 grammes qui s'est produite dans le cours d'une semaine doit être en partie attribuée à l'exagération de l'œdème et la perte de poids de 4600 grammes dans la troisième semaine à sa disparition brusque et presque complète.

Cet œdème a commencé à diminuer un lundi, et le mercredi il avait presque complètement disparu. Il s'est effacé d'abord aux pieds et ainsi de bas en haut.

Pendant toute sa durée il était très peu marqué, le matin au réveil et il augmentait jusqu'à l'heure du coucher. La marche l'exagérait.

L'analyse des urines pratiqué à plusieurs reprises à donné les proportions de sels alcalins et terreux suivantes.

	Sels Alcalins		Sels terreux
N° 1......	0,460	......	0,266
2......	0.476	......	0.322
3......	0.416	......	0.406
4......	1.160	......	0.420
5......	0.884	......	0.280

Les pesées pratiquées chaque semaine ont donné les résultats suivants :

34 k., 36 k. 150, 36 k. 550, 31 k. 950, 34 k. 250, 33 k. 100, 34 k. 400.

Les mesures prises au moment du départ après six semaines de traitement donnaient :

Pour le cou............................ 25 c. ½

— le thorax......................... 65

— le thorax......................... 68 ½

— la taille.......................... 51 ½

— le bras.......................... 17

— la cuisse......................... 34

— le mollet......................... 27

— le cou-de-pied.................... 20

Ce qui, en se reportant au précédent tableau, donne pour cette période une augmentation de 1 c. ½ pour le cou, 3 centimètres pour le thorax, 5 c. ½ pour la taille, 2 centimètres pour le bras, et 2 c. ½ pour la cuisse.

La présence de l'œdème rend compte des chiffres obtenus pour la jambe et le pied.

OBSERVATION V

Délirs de maigreur chez une hystérique, par BRISSAUD ET
SOUQUES, 1894.

Julie R..., 19 ans, entre le 17 avril 1894 à la Salpêtrière. Elle nous fait elle-même le récit qu'on va lire,
récit confirmé et complété, à certains égards, par ses
parents et par le médecin de sa famille.

Au point de vue de son hérédité, il est important de
signaler qu'une de ses sœurs est d'une émotivité excessive et qu'une de ses tantes maternelles a souffert pendant vingt ans de crises convulsives d'hystérie.

Julie n'a eu que la rougeole dans sa première enfance. A l'âge de 9 ans, elle fait une chute, dont le souvenir va jouer un grand rôle dans son existence. Un jour,
dans l'escalier, elle tombe sur le côté droit du corps et
particulièrement sur la hanche. Il en résulte une contusion de la hanche accompagnée de douleurs, de gonflement et de rougeur, très appréciables le lendemain
de l'accident. Le surlendemain, on l'a conduite chez un
chirurgien qui diagnostique une coxalgie et ordonna
un bain salé quotidien et l'immobilisation absolue au
lit. L'enfant devait être immobilisée jusqu'à l'âge de
quinze ans. Au bout de trois ou quatre semaines, les
conséquences de la contusion de la hanche avaient disparu. Alors, en l'absence de sa mère, l'enfant enfrei-
gnit souvent la consigne et se leva toute seule du lit.

Elle ne boitait pas, elle ne souffrait pas dans le genou. La hanche restait seule un peu endolorie.

Six mois après la chute, on la reconduisit au Docteur T..., qui fut frappé de la rapidité de la guérison et conseilla un an de vie à la campagne. La guérison était en effet complète ; il ne persistait qu'une hyperesthésie localisée à la région externe de la hanche. Cette hyperesthésie à persisté jusqu'au commencement de cette année, c'est-à-dire pendant dix ans. Ce n'était pas, en vérité, une dermalgie réelle. « Je crois, dit la malade, que c'était de l'appréhension ; j'avais peur qu'on y touchât ». Le contact incessant des vêtements n'était pas douloureux, en effet, alors que le frôlement le plus léger d'une main étrangère réveillait une douleur exquise angoissante, presque syncopale. La simple idée d'un contact possible la faisait même naître.

C'est dans cet état, vers l'âge de 11 ans, que Julie entra en pension au Couvent du Sacré-Cœur, à Saint-Ouen, où elle resta jusqu'à 16 ans. D'abord d'une grande piété, elle ne tarda pas, à la suite de quelques moqueries, à devenir assez espiègle et assez dissipée. Elle était d'ailleurs douce, bonne, gentille, très intelligente et très avancée pour son âge. Elle était extrêmement sensible et aimait beaucoup qu'on s'occupât d'elle. Au moindre reproche, à la moindre contrariété, elle éprouvait une sensation de constriction à l'épigastre et à la gorge et perdait connaissance ; elle tombait en syncope, suivant son expression.

En dehors de ces attaques syncopales et de son hy-

peralgésie de la hanche par idée fixe, de « sa manie de
la hanche », comme dit sa mère, elle était à cette époque fort bien portante. Comme elle avait certain embonpoint, elle fut en butte, à ce sujet, à quelques railleries de la part de ses compagnes. Lorsqu'on l'appelait
boulotte, « c'est bien, disait-elle intérieurement, je vais
m'efforcer de maigrir ». Ces railleries, répétées à diverses reprises, firent naître en elle l'idée fixe de maigrir. Sous l'empire de cette idée, et pour la réaliser,
elle passait parfois des jours entiers sans manger.
Quand, poussée par la faim, elle avalait quelques aliments, son estomac resserré, dit-elle, se contractait ;
elle étouffait et vomissait. De 12 à 16 ans, elle a eu trois
ou quatre fois des vomissements semblables. Chaque
fois, il s'agissait de vomissements qui se répétaient,
durant un ou deux mois, d'une manière d'ailleurs très
irrégulière. Ces troubles n'avaient ni altéré sa santé, ni
sensiblement diminué son embonpoint.

A 16 ans sa famille, pour des raisons pécuniaires, la
retira du couvent et lui fit suivre des cours, afin qu'elle
préparât son brevet supérieur. Elle devint de plus en
plus préoccupée de maigrir ; elle se trouvait trop grosse (elle pesait 60 kilogs). Elle voulait avoir la taille
fine, comme certaines de ses amies qui risquaient, de
temps à autre, une allusion, nullement méchante du
reste, à son embonpoint. C'est surtout, à partir de cet
âge, qu'elle fut tourmentée par l'idée de maigrir.

Le 4 février 1894, en train d'analyser « *le Cid* », elle
avait travaillé de midi à six heures sans bouger, lors-

que tout à coup sa douleur de la hanche se réveilla
très vive et s'accompagna d'une attaque syncopale. Son
père la coucha et lui appliqua aussitôt un vésicatoire
sur la hanche. Le Dr P... médecin ordinaire de sa
famille, conseille le repos au lit, extension continue
du membre malade. Le corset est bien entendu supprimé.

Elle resta couchée jusqu'au mois de mai. Pendant
ce laps de temps, en mars, survinrent des vomissements qui devinrent bientôt incessants, incoercibles.
Elle vomissait absolument tout ce qu'elle prenait. Mais
« c'était exprès, déclare-t-elle, au commencement j'aurais pu m'abstenir si j'avais voulu, puis c'est devenu
une affaire d'habitude ».

Le Dr P... qui soignait la malade à cette époque, a
eu l'extrême obligeance de nous adresser une lettre
documentée sur son état.

« Cependant le mal ne fait qu'empirer, écrit-il, les
douleurs de la hanche augmentent, des vomissements
fréquents surviennent ; la malade maigrit considérablement ; en présence de l'aggravation des symptômes, je conseille de s'adresser au Dr T... On la conduit à Paris au mois de mai. Le Dr T... avait déjà vu
la malade à l'âge de dix ans, pour des douleurs de la
hanche attribuées à une inflammation épiphysaire. Il
diagnostiqua de nouveau : ostéite épiphysaire de l'os
iliaque, péritonite de voisinage causant les vomissements. On ramène la malade à Ch... ; on la met au
repos absolu et on essaie de différents toniques. L'état

loin de s'améliorer, s'aggrave de jour en jour ; les vomissements de plus en plus fréquents permettent à peine l'alimentation. Au mois d'août 1892, survient dans la fosse iliaque du côté malade une sorte d'empâtement des plus douloureux. Suivant l'idée du D' T... je crois à une péritonite enkystée. Comme la malade va de plus en plus mal, on demande au D' T... de venir pour ouvrir, s'il le faut, le péritoine.

La malade était en effet dans un état lamentable et n'avait plus la force de se soulever. Le D' T... en vacances, ne peut venir lui-même ; il indique un de ses élèves. Fort heureusement le D' P... juge le cas inopérable et désespéré en déclarant qu'il faut s'attendre d'une minute à l'autre à un dénouement fatal. Au moment où on s'attendait à la voir trépasser, elle se dresse tout à coup sur son lit et crie à son père qui la veillait : papa, je suis guérie ; donne moi de l'eau, je veux faire ma toilette. On lui donne de l'eau, et elle plonge à plusieurs reprises sa tête dans la cuvette. A partir de cet instant, les vomissements cessent. La veille au soir, le médecin lui avait appliqué des pointes de feu sur son empâtement iliaque. Elle avait aussitôt senti un grand soulagement : « Chose extraordiniare, dit le médecin, il survint une amélioration considérable dans la région. » Le lendemain matin, le gonflement avait diminué ; se croyant guérie, elle tint à son père le petit discours précédent. En effet, huit jours après, les vomissements reparaissent, à propos d'une ingestion d'huîtres et deviennent incessants.

« Les douleurs de la hanche vont s'atténuant de
jour en jour, continue le Dʳ P... et au contraire l'état
général et nerveux va plutôt en s'aggravant. Au mois
de décembre, on conduit la mlaade à la maison Dubois.
Au bout de quelques jours on la ramène comme définitivement perdue et devant mourir prochainement. Les
vomissements sont devenus absolument incoercibles ;
l'estomac ne supporte pas le moindre atome de nourriture ni de liquide. Les lavements de peptone qui la
soutenaient encore ne sont plus gardés. La malade est
réduite à l'état de squelette ; sa faiblesse est extrème ;
à la fin de janvier 1893, on attend sa mort tous les
jours. »

Or, le 6 février, elle tient à son père ce langage :
« Papa, voilà un an que je suis malade, et les hommes
ne peuvent me guérir, je vais ma'dresser ailleurs. Ap-
portez-moi de l'eau de Lourdes ; je suis sûre que ça
va me guérir ; je veux la boire, mais devant des témoins afin qu'ils puissent témoigner d'une guérison
dont je suis sûre. »

Il est indispensable d'ouvrir une parenthèse.

M. X...., ami de sa famille, personnage très dévôt,
venait souvent voir la malade depuis le début de son
mal. En juin 1892, il lui avait apporté une statuette de
N.-D. de Lourdes ; il lui communiquait les journaux
religieux où il était question de miracles. Deux gué-
risons miraculeuses avaient spécialement frappé l'esprit
de Julie.

Donc, le 6 février, à 8 heures du matin, elle dit

aux deux témoins : « Vous allez voir que c'est la Sainte-Vierge qui va me guérir ». Et elle prend sa statuette et boit deux cuillerées d'eau de Lourdes. Elle ne les vomit pas. Aussitôt après elle mange un morceau de chocolat qu'elle ne vomit pas davantage, puis une orange, un bonbon qu'elle garde de même. A midi elle prend un œuf et le soir un potage. Et le tout, sans vomissements ni nausées, « elle, écrit encore le Dr P... qui ne supportait pas une goutte de liquide depuis plus de six mois. C'était le miracle attendu : elle était sauvée ! »

A partir de ce jour, elle se remet à manger de tout, et reprend rapidement ses forces. Mais en juin, son appétit diminue, et en juillet les vomissements reviennent. Elle demande alors elle-même d'aller à Lourdes ; elle y va avec sa tante. Elle était tellement affaiblie qu'on hésita à la plonger dans la piscine. « Mais cette fois le pélerinage n'est peut-être pas suffisamment suggestif, car son état est peu modifié. Elle vomit toujours de temps en temps, et se plaint toujours de temps en temps de sa hanche.

La situation ne s'améliorait pas. Au commencement de décembre, pendant neuf jours, elle fait réciter à sa mère et à ses sœurs, tous les soirs, un chapelet devant sa statue de N.-D. de Lourdes.

Le 10 décembre, la neuvaine est finie et la guérison n'est pas venue. Aussi, quand sa mère monte la voir, elle est prise de délire : — « Maman, mais c'est affreux ! je grille... ; tu ne sens pas le roussi ? Je suis perdue ! Regarde l'enfer devant moi ; je vois les damnés, je suis damnée !... »

La nuit, elle avait vu en rêve un lieu sombre et noir où flambait un cercle de flammes. C'était évidemment l'enfer.

Et en effet, à partir de ce moment, par instants elle se croit damnée.

« La Sainte-Vierge l'a abandonnée et ne l'a pas guérie, sans doute, parce qu'elle a fait des mauvaises communions ». Elle a fait, se rappelle-t-elle, une mauvaise première communion, car elle n'a pas avoué, à cette époque, des pratiques d'onanisme et toutes ses confessions ultérieures ont été par suite mauvaises.

En présence de cet état physique et psychique, le Dr P... conseille à ses parents de la conduire à la Salpêtrière. 17 avril 1894.

A son arrivée elle se trouve seule avec sa mère dans le cabinet de consultation. En entrant, nous la voyons à genoux devant sa statuette de Lourdes qu'elle implore.

Julie est une jeune fille de taille un peu au-dessus de la moyenne. Sa maigreur est extrême, son visage ridé et émacié la fait paraître très âgée. Les os de la face, les omoplates, les côtes, les apophyses vertébrales, les os du bassin et des membres font un relief très accusé. Partout des méplats profonds ont remplacé les saillies normales .C'est presque la morphologie d'un squelette. Le poids total du corps est de 29 kilog.

La peau est brune, ridée, flasque, sèche et trop large

pour les parties qu'elle recouvre. Les cheveux sont secs et raréfiées par places, particulièrement derrière les oreilles où se voient deux plaques alopéciques. Les ongles sont striés, irréguliers. Il est vrai que la malade les ronge incessamment. Le tissu graisseux a pour ainsi dire à peu près disparu et le tissu musculaire participe vraisemblablement à l'émaciation. Mais c'est surtout le panicule adipeux qui a fait les frais de cet amaigrissement. Les divers appareils respiratoire, circulatoire, digestif, urinaire, etc..., semblent normaux. Le pouls, petit mais égal et régulier, bat à 90. La température du corps est sensiblement abaissée ; elle atteint 35°8. La région de la hanche, l'articulation coxo-fémorale ne présente ni signe actuel, ni vestige de coxalgie. Toute douleur spontanée ou provoquée à disparu à ce niveau. D'ailleurs, il nous a été impossible de déceler aucun stigmate sensitivo-sensoriel d'hystérie. Malgré cette déchéance somatique, les forces physiques sont relativement bien conservées. Elle marche comme tout le monde, avec des mouvements un peu lents cependant, mais sans se fatiguer rapidement.

L'état mental de la malade est également très troublé. Elle répond toutefois très correctement et très raisonnablement aux diverses questions qu'on lui pose. Mais elle est triste, apathique, indifférente en apparente. Elle est au fond préoccupée par des idées de remords, de culpabilité et de damnation.

« Elle a dit-elle, contracté dès son jeune âge des habitudes d'onanisme qu'elle a conservé jusqu'à ces derniers temps. Lors de sa première communion elle a oublié de les confesser. Elle a par suite fait une série de mauvaises confessions et de mauvaises communions. Elle sera donc damnée. Car la Vierge ne veut pas lui pardonner sans doute, autrement elle l'aurait guérie. »

Et elle pleure et se désole. Pourtant elle a encore confiance en la vierge. A tout instant elle l'intercède et lui demande des grâces. Ainsi elle lui demande tantôt des flots de larmes, tantôt un rayon de soleil. Et si le soleil luit ou si des larmes lui viennent, elle se met à espérer sa guérison et son pardon ; la Vierge ne l'a pas tout à fait abandonnée. Si par contre, elle ne lui envoie pas ce qu'elle demande, la voilà désespérée, triste et malheureuse. Puis au cours de notre interrogatoire, elle s'écrie : « je crois que je suis sauvée, je viens de répandre des larmes ».

Au mois de novembre dernier, elle a été à confesse et a avoué pour la première fois ses péchés d'onanisme. Le soulagement n'a été que momentané, car elle n'a pas tardé à se rappeler d'autres péchés du même genre auxquels elle n'avait pas pensé. Et ses idées de culpabilité et de damnation ont persisté.

« .... Elle voudrait cependant bien guérir, car elle est effrayée de se voir si maigre, mais elle ne croit plus sa guérison possible... Elle est trop coupable... Puisqu'elle est damnée, elle n'a plus besoin de vivre..... »
Aussi a-t-elle fait, en février dernier, une ou deux tentatives de suicide, sans succès du reste. Elle s'était enfoncée une aiguille dans le creux de l'estomac. Elle

n'a cependant pas le dégoût de l'existence, et ne demande qu'à guérir. Mais il est impossible de la convaincre de l'inanité de ses pensées. « Elle ne peut pas guérir ; elle sera damnée. Il lui est donc inutile de manger. Elle se laissera mourir de faim tout simplement, lentement, mais n'attentera pas directement à ses jours, car le suicide est défendu par la religion.... »

La mère a accepté pour sa fille l'isolement que nous lui avions proposé. Elle est repartie à Ch... laissant Julie à la Salpétrière. La séparation n'a pas été trop pénible pour la malade ; quelques pleurs et puis la consolation est vite venue. Il a été convenu que l'isolement serait absolu, que toute visite serait interdite ainsi que toute lettre jusqu'à nouvel ordre.

Dans ces conditions, après avoir rappelé à la malade l'inanité de ses idées, les dangers de son amaigrissement progressif et la nécessité immédiate de manger, nous lui avons déclaré sévèrement que, si elle ne mangeait pas de bonne volonté, nous aurions recours à l'alimentation par la sonde.

Il paraît, d'après son récit ultérieur, que cette menace l'a vivement frappée et effrayée. Quoi qu'il en soit, elle a accepté sans aucune objection et sans aucune résistance deux potages, un beafsteack et un litre de lait. Elle n'a rien vomi. Il en a été de même le lendemain et le surlendemain. Le 22 avril, on a ajouté à ce régime deux œufs.

A partir du 24, elle a pris tous les jours deux litres

de lait, deux potages, deux œufs, deux beafsteack et deux bonnes rations de légumes secs.

En outre, la malade a été condamnée à garder le repos au lit pendant presque toute la journée.

Elle a subi ce régime, sans modification, pendant trois mois. Aucun incident pathologique n'est survenu, durant cette période, sauf un petit vomissement, le premier et le 2 mai et un peu de diarrhée du 5 au 8 mai. L'appétit était excellent et la digestion parfaite.

Les heureuses conséquences de ce traitement n'ont pas tardé à se montrer. Une métamorphose s'est opérée progressivement. Au bout de cinq semaines, Julie pesait 38 kilog. 500 gr. ; la température qui avait rapidement atteint 36°, oscillait autour de 36°5. A partir du 5 juin, le thermomètre monta à 36°8 le matin, et à 37° le soir, et à partir du 18, du même mois, il oscilla entre 37°7 et 37°4.

Le 15 juillet, la malade pesait 59 kilog.

La simple comparaison entre le poids, la température, pris le 18 avril et le 15 juillet, nous dispensera d'insister sur le contraste.

En moins de trois mois, notre malade a gagné 30 kilog., c'est-à-dire a doublé son poids et acquis un embonpoint très enviable. La peau a repris sa coloration, ses propriétés et ses fonctions ; l'alopécie n'existe plus ; le tissu cellulo-adipeux s'est amplement garni de graisse ; les méplats et les reliefs osseux ont disparu ; bref, la morphologie du corps est devenue normale. La transformation physique est aujourd'hui

tellement grande que la malade est tout à fait mé-
connaissable. Les forces et la vigueur ont augmenté
en proportion directe.

D'ailleurs l'état mental a subi une transformation
parallèle. Les idées délirantes de culpabilité et de damnation n'existent plus. La malade se les rappelle nettement, et en comprend l'inanité. Toute trace de
délire religieux s'est effacée. Son intelligence est rede-
venue absolument normale.

En résumé, physiquement, psychiquement, notre
malade ne présente aucune espèce de trouble. On peut
la considérer comme guérie de tous ses accidents.

Du 25 juillet au 15 août, elle est reprise de quelques
vomissements. Le 15 août, on lui prescrit un peu de
glace, en lui présentant ce remède comme infaillible.

Les vomissements cessent du premier coup. Ils n'ont
pas reparu depuis, et, au point de vue physique et moral, son état ne laisse rien à désirer.

OBSERVATION VI

Anorexie, suite d'arrêt volontaire de l'alimentation,
par M. le Dr Girou (d'Aurillac), 1905.

Mlle X..., née à la fin de 1883, grande, bien portante, plutôt grosse que maigre, n'ayant eu d'autre
maladie que les maladies contagieuses banales de l'en-

fance, quelques-unes très légères, a été réglée très régulièrement jusqu'en juin 1902.

Son père et sa mère vont très bien, ainsi que sa
sœur ; du côté maternel il y a quelques antécédents névropathiques.

En février 1902, elle assiste à un mariage ; ses amies
lui font remarquer qu'elle est la plus forte d'elles toutes, et la menacent en riant de devenir aussi grosse que
la mariée qui était une de leurs amies et extraordinai-
rement musclée pour son âge.

Quelque temps après, ses parents remarquent qu'elle
mange moins, et qu'elle maigrit. Puis en juin, elle a
une suspension de règles et en novembre leur disparition totale. Elle prétend du reste n'être pas malade.
Quand on insiste pour la faire manger, elle déclare
n'avoir aucun appétit, ou elle proteste qu'elle a mangé
plus que les autres personnes. Elle sort, se promène,
mène la même vie qu'avant, mais son humeur devient
triste et facilement excitable.

Sa maigreur me frappe quand je la trouve, et je
prends sur moi (novembre 1902) d'en parler à ses parents. Ils me racontent ce qui précède, sauf les détails
de la noce, qu'ils ignorent, et me disent qu'elle se refuse à me voir, déclarant qu'elle n'est pas malade.

En janvier 1903, je la vois très amaigrie, pesant 37
kilos environ, assez colorée ; je ne trouve rien dans
aucun organe. Sa mère me raconte qu'elle digère mal,
car, immédiatement après chaque repas, elle est forcée
d'aller aux cabinets, et elle y reste fort longtemps. Mais

la malade explique qu'elle éprouve le besoin très net d'aller à la selle, et que, ses matières étant très dures, elle a des efforts prolongés avant d'avoir une selle.

En avril, la situation a empiré, elle ne pèse plus que 33 kilog., je la vois avec un confrère qui croit trouver des signes d'adénopathie trachéo-bronchique (mais elle ne tousse pas) et craint en même temps une lésion des cornes antérieures de la moelle, les muscles étant atrophiés. Elle offre absolument l'aspect d'une poliomyélite antérieure, type Aran-Duchenne, avec tous les muscles atteints. Pas de stigmates d'hystérie. Pas de modification des urines. Nous essayons les peptones, la poudre de viande, etc.

Quelques jours après, son père me fait remarquer qu'elle prend, de peptone ou de poudre de viande, la moitié de ce que nous avons prescrit. Quand on lui fait remarquer que tel plat est très nourrissant, elle ne fait aucune observation, mais la première fois qu'il reparaît sur la table, elle refuse d'en manger sous prétexte de dégoût invincible.

A la fin d'avril elle part pour la campagne. Peu de jours après son arrivée, on l'entend faire des efforts pour vomir dans les cabinets après le repas. On y entre. Elle se fâche, puis a une détente nerveuse brusque et elle raconte, en pleurant, à sa mère, les moqueries de la noce de février 1902. Elle ajoute que depuis, pour maigrir, elle a mangé le moins possible, et de peur que ce soit encore trop, elle est allée à ses deux principaux repas, et souvent aux trois, vomir au

water-closet son repas. Ces vomissements provoqués
ont duré quatorze mois.

Ils cessent à partir de ce jour-là, mais on ne peut
obtenir d'elle une alimentation plus copieuse ou plus
substantielle. Elle reprend des forces et du poids. On
a le malheur de dire devant elle qu'elle a gagné quatre
kilog. en un laps de temps assez court. Immédiatement
elle réduit son alimentation, et rien ne peut vaincre
son entêtement.

A la campagne elle va dans une maison d'hydrothérapie, mais le traitement moral est mal dirigé, ou
même manque absolument, et la saison reste à peu
près sans effet.

Cependant elle a engraissé un peu. A son retour à
Aurillac, une amie l'en félicite. Immédiatement nouvelle diminution de l'alimentation. Mais la pratique
des vomissements n'est pas reprise, et elle est surveillée
attentivement par des parens fort intelligents.

En décembre 1903, elle a une syncope, alors que son
poids est redescendu à 33 kilos. Elle a peur, se voit à
la veille de mourir, demande pardon de son suicide, et
elle se décide à s'alimenter. C'était la fin du caprice.

Mais malgré tous ses efforts, elle est restée anorexique ; elle ne peut pas digérer facilement toute espèce
d'aliments. La viande ne peut-être prise qu'en petite
quantité, parce que l'appétit est très faible. Cet état
dure encore aujourd'hui (3 décembre 1904).

Cependant elle a engraissé, a repris l'embonpoint
moyen d'une personne de son âge (31 kilos). Son ca-

ractère est redevenu gai. Mais ses règles ne sont revenues très faibles qu'à la fin mars, quoiqu'il n'y ait
pas signes de chlorose.

Il est remarquable que, malgré ses nombreux vomissements provoqués, elle n'a jamais vomi spontanément et n'a jamais eu d'éructation ni de pesanteur
d'estomac, mais de l'anorexie et de la bizarrerie de
goût.

OBSERVATION VII

Anorexie mentale. — Maigreur extrême. — Traitement par la
thyroïdine. — Guérison. Par le Dr TARRIUS, Directeur de la Maison de Santé d'Epinay (Seine), 1910.

Etat physique. — Mlle X..., âgée de 18 ans, entre le
5 novembre 1908. On constate un état de maigreur extrême avec cyanose des extrémités et œdème très prononcé remontant pour les membres supérieurs jusqu'aux genoux. Les oreilles et le nez sont froids. Comme ensemble, la malade a l'aspect d'un squelette. La
figure est vieillotte. Elle pèse 18 kilogs ; la taille est
de 1^m45. Les organes sont sains : le cœur bat régulièrement, avec ralentissement toutefois. Le foie est diminué, la glande thyroïde presque disparue. La température varie de 37° à 37°5. Le pouls entre 60 et 65.
Le goût est diminué pour les aliments, à l'exception
du vinaigre, du café. Pas encore réglée. La démarche

est lente. Pas de symptômes d'hystérie. Pas de douleur épigastrique.

Etat moral. — Très soigneuse de sa personne, elle s'habille proprement.

L'intelligence ne paraît pas avoir été atteinte. Le cerveau a conservé sa vitalité fonctionnelle et cette vitalité s'accuse par l'esprit de ruse et d'initiative que manifeste la malade. Du reste, elle obtint son certificat d'études à l'âge de 11 ans et à 16 ans elle subit avec succès l'examen du brevet élémentaire. Elle est très attentive à tout ce qui se dit autour d'elle à son sujet, aux avis et aux recommandations donnés à l'infirmière. Ses réponses sont précises ; elle a l'esprit lent, mais net, sachant se défendre contre les encouragements et les persuations relatives à son alimentation. Il n'est pas de ruse qu'elle n'emploie pour échapper, au moment des repas, à la surveillance des personnes qui l'assistent. Garder les aliments dans la bouche, sous la langue, c'est pour elle un jeu. Elle les prend dans sa main, elle les cache dans sa jupe, son corsage. Elle a confectionné une poche spéciale dans laquelle elle jette tout ce qu'elle peut détourner au moment des repas. Elle rafle tout ce qu'elle peut prendre : fruits, biscuits, etc. Elle va porter le tout dans son lit, son armoire et jusque dans son vase de nuit, qu'elle recouvre de journaux. Ces larcins ne s'appliquaient pas seulement aux aliments, mais encore aux divers objets laissés sur les tables, tels que ciseaux, épingles, fil, etc. Ces larcins passèrent à l'état d'habitude, car même chez ses parents, elle procédait déjà ainsi, puis à l'état de manie, à tel point que même pendant son traitement à la Maison de Santé d'Epinay elle obéit, toutes les fois qu'elle pût tromper la surveillance, à cette manie, calculée probablement, puisque le but était de laisser croire qu'elle avait ingéré tous les aliments qui lui étaient destinés.

Je vous ai dit qu'elle cachait ses larcins sur elle et chez elle ; mais elle les portait aussi, malicieusement, je crois, chez d'autres personnes. C'est ainsi qu'on découvrit dans la chambre du Docteur Poulalion, médecin-adjoint, sous les matelas, un grand nombre d'oranges et de biscuits qu'elle avait apportés dans l'intention probable que la découverte de ces provisions pourrait nuire au confrère. Le Docteur Poulalion pense, au contraire, que ces provisions apportées chez lui l'étaient automatiquement, sans conscience, c'est du moins ce que la malade répondait aux explications qui lui étaient demandées.

Débuts de la maladie. Antécédents. — Quand on demande à la jeune malade de nous dire pour quel motif elle refuse de s'alimenter, elle répond invariablement qu'elle ne veut pas grossir, qu'elle n'a pas besoin de manger, et qu'elle ne se sent aucun besoin de manger. Cette réponse était faite à ses parents, aux médecins qui l'ont soignée, elle est faite à nous même.

Les parents sont bien portants ; une sœur, plus jeune, est très forte.

La malade n'est pas réglée au moment de son entrée

(18 ans) : la mère ne l'était pas non plus au même âge
et chez cette dernière l'indisposition mensuelle ne se
produisit que plus tard

La jeune fille n'a jamais été malade avant l'âge de
12 ans. Elle eut alors le croup, dit-elle : on lui fit des
injections de sérum. Quelques mois après, elle souf-
frit de douleurs articulaires. Dans le cours de ces deux
maladies, la malade contracta l'habitude de manger
peu, sans amaigrissement notable. Cette habitude per-
sista. Ce ne fut que vers l'âge de 16 ans qu'elle décida
de rationner son alimentation dans une proportion
telle que les parents s'alarmèrent. Les seuls aliments
qu'elle prenait ouvertement ou en cachette étaient des
aliments épicés et surtout du café, dont elle faisait un
grand usage. Dans le même temps, pour diminuer son
tour de taille, déjà bien réduit, elle serrait son corset
jusqu'aux dernières limites.

Traitement. — Le traitement institué fut : 1° l'isolement du milieu dans lequel la maladie avait évolué,
c'est-à-dire l'interdiction de toute visite de famille ;
2° l'alimentation forcée par la persuation d'abord, la
contrainte et même par la sonde qu'on dût employer
plusieurs fois ; 3° les repas fréquents ; la Thyroïdine
Bouty fut donnée, en raison de l'atrophie du corps thyroïde. Les pilules de 0,10 cent. de glandes desséchées,
correspondant à 0,70 cent. de glandes fraîches, furent
prises régulièrement et avec une grande surveillance,
tant à cause des ruses employées par la malade, qu'à
cause des accidents que peut causer l'emploi de la Thy-

roïdine. La malade eut en effet une syncope, sans suite aucune. Il semble que cette médication ait eu quelque succès, puisque dès les premières vingt pillules la malade se montra moins rétive et commença à prendre des aliments solides avec appétit et goût. Mais néanmoins, aussitôt que la surveillance paraissait se relâcher, la jeune fille avait recours à ses procédés habituels. L'amélioration se manifeste nettement dans le courant du deuxième mois, et sans discontinuer alla en augmentant jusqu'au départ de la malade, 4 mai 1909 ; à ce moment, elle pesait 36 kilogs. 500 et quarante pilules de Thyroïdine avaient été prises. La menstruation n'était pas apparue.

Mensuration : taille.......................... 1 m. 45

Périmètres :

Cou (partie moyenne)..................... o 22

Poitrine (base)........................... o 49

— (sous-axillaire)................... o 57

Périmètre (autour des épaules)............. o 71

— (taille)........................ o 40

Bassin (épine illiaque A. S.)............... o 58

Cuisse (partie supérieure)................. o 23

— (au-dessus du genou).............. o 18

Genou................................. o 25

Jambe (partie supérieure)................ o 19

Cheville............................... o 13

Bras (partie moyenne).................... o 12

Poignet................................ o 10

Longueur du pied....................... o 22

Poids.

5 novembre 1908......................... 18 k.

27 décembre 1908..................... 18   400

5 janvier 1909........................ 19   600

26 janvier 1909...................... 23

16 février 1909...................... 28

21 mars 1909......................... 34

3 mai 1909........................... 36

OBSERVATION VIII

Un cas d'anorexie hystérique par le Dr Georges GASNE (1910)

Béatrice Gill..., âgée de 16 ans, sans profession. An-técédents héréditaires : Mère très nerveuse, n'a pas de grande crise, mais éprouve pour un rien une an-goisse avec impossibilité de parler. Tout le temps de sa jeunesse, elle se trouvait mal à tout instant, elle a longtemps souffert de névralgies crâniennes, « à se rouler par terre ».

Père très vigoureux, boit régulièrement beaucoup d'alcool, n'a pas de symptôme d'éthylisme.

Un frère très robuste, est âgé de vingt ans ; il a eu des convulsions étant jeune.

Antécédents personnels. — La malade est née à ter-me d'une grossesse très bonne, l'accouchement a été facile ; élevée au biberon d'abord, et mal nourrie, elle dut à quatre mois être mise au sein. Elle a parlé

de très bonne heure, mais n'a marché qu'à 18 mois ;
aucun détail sur l'éruption des dents. Pas de convulsions. Elle fut toujours chétive, sans avoir de maladie
et végéta jusqu'à 4 ans, on dut alors la renvoyer à la
campagne où elle se développa bien. Elle rentra à
Paris, suivit ses classes, quand brusquement elle fut
prise de sa première crise, le 11 novembre 1898.

Elle avait passé plusieurs mois près de sa mère
atteinte de pleurésie, la maladie était assez grave et
surtout la mère retrouvant son tempérament du jeune
âge perdit plusieurs fois connaissance, aussi tout l'entourage était-il fort effrayé et la jeune fille retenait les
commentaires qu'elle entendait avec terreur.

C'est alors qu'elle était seule près de la malade que
celle-ci tout à coup éprouva une nouvelle syncope ;
la jeune fille put monter à l'étage au-dessus, appeler
une voisine et redescendre dans la chambre, mais ce
fut pour tomber brutalement sans connaissance dans
les bras de la voisine accourue. C'est le point de départ d'une crise terrible pendant laquelle cinq hommes
étaient incapables de la maintenir, elle crie et se débat,
et « toujours veut voir sa mère morte ». La crise dura
de 6 heures à minuit, elle dormit bien ensuite, mais le
lendemain lorsqu'elle voulut se lever elle était brisée,
courbaturée ; le médecin appelé prescrit des bains ;
en la sortant du bain on constate que ses jambes sont
paralysées, « le pied et la jambe avaient grossi démesu-
rément et étaient tout noirs ». Les crises reviennent à

chaque instant : ce sont des visions du diable sous
toutes sortes de forme, puis la vue s'obscurcit, et bientôt elle ne voit plus clair du tout.

Elle est ainsi huit jours et on l'amène à la Salpêtrière
paraplégique et amaurotique. Elle n'était pas plutôt
éloignée de ses parents qu'elle était guérie. On la rend
à sa mère au bout d'une semaine ; dès le lendemain
elle a la danse de Saint-Guy qui dure du mardi au vendredi et les crises réapparaissent. La mère quitte la
malade, le 22 décembre tout s'arrête, il n'y a pas eu
de crises depuis.

On la mène à la campagne à Epernon ; déjà elle
mangeait peu et digérait mal, dès que le repas était
terminé elle se « tortillait », étouffait, soupirait ; un
jour elle adopte une tisane de camomille ; dès qu'elle
avait pris sa tisane, la digestion était immédiatement
faite et les malaises disparaissaient comme par enchan-
tement. Elle avait été toujours été constipée ; mais
cette constipation s'accentue là d'une façon remarquable ; on doit recourir à des purgatifs violents, à des
lavements « de cheval ».

Sur ces entrefaites elle vient voir ses parents à Paris, elle était très active et pas du tout amaigrie, on
conseille néanmoins à la mère de lui donner des douches, 15 douches ; ces douches sont très mal suppor-
tées, la constipation persiste, les troubles de la digestion aussi, elle maigrit à ce moment, d'une façon
épouvantable ; enfin vint la quinzième douche, elle
n'en pouvait plus et eut une longue syncope.

Autre chose encore agissait sur elle, c'était l'idée de retourner à Épernon qu'elle a pris en grippe. C'est un supplice pour elle. Aussi là-bas, l'anorexie s'accentue, elle use de toutes sortes de stratagèmes pour ne pas manger ainsi qu'on le verra dans la lettre qu'elle m'écrit alors ; son état empire de telle façon que sa mère fut appelée ; elle arrive juste pour constater une crise horrible de vomissements et de diarrhée, flux séreux non sanglant qui semblait inépuisable. On l'amène le jour même à la Salpêtrière ; c'est là qu'elle fut pesée, son poids était de 55 livres ; on ne peut imaginer squelette mieux décharné. Le lendemain on trouve une jeune fille gaie qui tout de suite nous apprend qu'elle a un appétit féroce et qu'elle a pris tout le lait que nous avions mis à sa disposition ; on reprit rapidement une nourriture solide et malgré un ou deux vomissements la guérison fit des progrès extraordinaires.

L'examen que nous fîmes alors est exactement le même que celui que nous avons refait aujourd'hui et que voici.

Le caractère est gai, très émotif ; c'est une jeune fille très douce, très sensible ; son sommeil est bon, mais léger, elle ne rêve jamais, du moins, ni elle, ni ses voisins, ne s'en aperçoivent. Elle est petite, gracile, mais le pubis est garni de poils, et les seins tranchent par leur volume sur la maigreur générale ; disons tout de suite qu'elle n'a jamais été réglée, bien que tous

les mois elle constate un écoulement vaginal blanc
jaunâtre durant quelques jours.

Elle ne souffre à proprement parler de nulle part,
cependant ses seins sont toujours un peu douloureux
et la malade a toujours peur qu'ils soient heurtés ;
en outre, depuis quelque temps, elle a les pieds et
les mains glacées.

La sensibilité cutanée est partout normale au tact, à
la piqûre, au chaud, au froid ; nulle part d'anesthésie
ni sur le tronc, ni sur les membres. Il n'y a pas de
points hyperesthésiés. Seules les glandes mammaires
sont très douloureuses à la pression. Les sens sont absolument indemnes, le champ visuel est normal, la vue,
l'ouïe, l'odorat, le goût conservés. Il y a une notable diminution du réflexe pharyngé.

Il n'y a actuellement que des troubles passagers de
la motilité ; dès que la malade est assise plus d'une demi-heure, elle a de la difficulté à se relever, elle est
courbée en deux, les genoux engourdis, il faut la soutenir, mais cela se dissipe en quelques instants.

Les troubles vasomoteurs sont uniquement constitués
par la cyanose des mains et des pieds, mais il existe de
fréquentes poussées d'urticaire très douloureuses sous
les influences les plus minimes (ingestion de porc, de
pommes de terre, de poisson) ; on constate encore de
nombreuses lésions de grattage consécutives à la dernière poussée urticarienne. Nous avons parlé du gonflement des membres paralysés lors de la paraplégie de
l'année dernière. Les seins sont manifestement tendus

et grossissent ou diminuent rapidement. Le pouls marque 110 pendant l'examen, les pupilles sont très larges et réagissent vivement.

L'appétit est devenu vite régulier, elle mange comme tout le monde et digère très bien, elle a seulement conservé un dégoût marqué pour le vin. Les gardes-robes sont devenues faciles et régulières depuis cette dernière crise d'anorexie, dès le moment où l'isolement à la Salpêtrière l'a arrêtée.

La respiration est normale.

Les urines normales.

Le poids, qui était, on se le rappelle, de 55 livres, est aujourd'hui de 8o livres passées.

.*.

Je veux ajouter à cette observation la lettre que j'ai reçue de cette jeune fille lorsqu'elle apprit qu'on allait la transporter à la Salpêtrière ; elle est intéressante à plusieurs égards ,d'abord par la peinture naïve des subterfuges employés par la malade pour ne pas manger, puis par l'explication véritablement frappante de son affection, « je n'éprouvais en aucune façon le besoin de manger ».

Voici cette lettre dans ses parties principales :

Monsieur le Docteur,

« Je devais me présenter chez vous vendredi, mais un changement s'est opéré en moi. Par menaces de mon oncle de m'avoir avertie qu'il avait été voir des docteurs samedi dernier, et que c'était l'un ou l'autre, manger ou m'en aller dans un hospice où je serais forcée de manger ; alors moi, dans la crainte des docteurs, je me suis exaltée et mardi, à la suite d'une contrariété que mon oncle me forçait à manger une chose que je ne voulais pas manger et que j'ai même eu l'aplomb de la rejeter dans mon mouchoir sans l'avaler et que j'ai été surprise par ma tante qui a prévenu mon oncle : alors, docteur, j'ai tout dévoilé, car je vous dirai que je ne sais si c'est la maladie ou le cerveau qui était malade, butté je ne sais quoi, eh bien ! j'avais acquis des vices, ce qui est honteux, j'ose le dire, oui, Monsieur le Docteur et voici ce que je faisais pour ne pas manger : je faisais tout ce que je pouvais, comme je vous l'ai dit précédemment ; je rejetais ma viande dans mon mouchoir et puis je devais prendre, à 4 heures, une tasse de lait, eh bien, j'avais encore le vice de m'esquiver à la cave boire mon lait et je ne le buvais pas, je le jetais et quand ma tante me disait ; as-tu bu ton lait ? je répondais hardiment : oui, tante : et je ne sais ce qui me poussait à faire cela, mais il y a un revirement qui s'est opéré en moi, je suis décidée à manger et je le ferai, car tous ces vilains vices qui étaient odieux seront chassés de cette cervelle qui était buttée, anéantie complètement, bornée. »

Suit une longue explication de terreur que lui inspirait la consultation qu'elle devait avoir et le bonheur que la campagne lui réserve : « je suis aux anges, j'attends, je savoure la ferme avec impatience, je vous le jure, j'y resterai tout le temps qu'il me sera possible et s'il faut manger, puisque c'est cela, eh bien ! je mangerai ».

Et elle poursuit : « Maintenant Docteur, vous êtes au courant de ce que j'ai eu, de la façon dont je vous ai trompé, je vous l'ai raconté ce que je faisais — mais mes idées mauvaises ne sont plus là — eh bien, quoique ne mangeant pas puisqu'il faut le dire je ne mangeais presque pas eh bien, je ne sentais pas le besoin de manger, l'estomac ne me demandait jamais rien, je ne me fatiguais pas. je ne me sentais jamais fatiguée, c'était à n'y rien comprendre ».

Et revenant à la transformation qu'elle veut nous faire voir en elle : « Depuis quelques jours je ne sais quel revirement s'est opéré en moi, je me sens toute joyeuse. — Moi qui ne chantais jamais, hier en plaine j'ai chanté comme une perdue et je m'en suis donnée à cœur joie en attendant de m'en redonner encore, — je hais de toute mon âme, de tout mon cœur, de toute la force que je possède et je les chasse bien loin ces vilains vices et je demande pardon à tous, car je vois que c'était une maladie que j'avais et cette maladie était tout simplement une maladie imaginaire ».

L'imagination fut plus forte que la volonté de cette pauvre fillette — et, comme je l'avais prévu, elle continua de maigrir et dut rentrer à la Salpêtrière — et c'est pourquoi je tiens à mettre en relief cette sincérité apparente avec laquelle ces malades affirment qu'elles sont prêtes à guérir. Qu'elles soient réellement sincères, cela est probable, mais ce qu'il faut bien savoir, c'est que le médecin doit énergiquement refuser sa confiance aux promesses qu'on lui fait.

Ces promesses ne seront pas tenues.

OBSERVATION IX

Anorexie mentale, par le D' G. POIX, 1911

Il s'agit d'une jeune fille de 19 ans, dont l'hérédité névropathique et mentale est peu chargée ; il n'y a en effet à signaler que de l'éthylisme du côté paternel. Réglée à 14 ans, elle éprouve assez brusquement une douleur au niveau de la hanche et du genou gauche, qui l'empêche de marcher ; cette douleur s'accompagne de contractures musculaires et de limitation de certains mouvements, particulièrement de ceux d'abduction de la cuisse. Considérée comme coxalgique, elle est immobilisée pendant huit mois, mais au bout de ce temps, cette immobilisation l' « ennuie » — c'est sa propre expression — elle se lève et se remet à marcher. Son poids à cette époque est de 60 kilogs. ; au bout de quelques mois, elle se plaint de son genou gauche ; considérée comme atteinte d'arthrite tuberculeuse du genou, elle est de nouveau immobilisée ; au cours de cette nouvelle immobilisation — il y a deux ans — elle commence à diminuer sa ration d'alimentation quotidienne ; son poids tombe rapidement à 41 kilogs ; elle est envoyée dans un sanatorium de Berck-sur-Mer, où sa jambe est immobilisée dans un appareil plâtré ; elle continue à maigrir et à ne pas manger, son amaigrissement est de 7 kilog. en un mois ; en raison de la gravité de son état, elle est renvoyée dans sa famille, pesant alors 32 kilog. A son retour chez elle, elle apprend que sa mère est morte pendant son absence et qu'on lui a caché cette mort ; d'où shock moral particulièrelment violent, avec dégoût de l'existence : elle ne veut pas manger, « pour aller plutôt rejoindre sa mère », dit-elle. Son poids tombe à 25 kilog., c'est celui d'un enfant de huit ans. Malgré cet amaigrissement extrême, elle continue à rester debout et effectue encore, quoique très péniblement, quelques travaux domestiques.

Nous la voyons pour la première fois le 2 novembre.

L'impression qu'elle produit est celle d'une tuberculeuse arrivée au dernier degré de la cachéxie, ou, plus exactement, celle d'une malade atteinte de poliomyélite antérieure généralisée ; on s'étonne qu'elle puisse se tenir encore debout. Grande et d'une maigreur effrayante, sa peau est sèche, de coloration brune et comme collée sur les os, les muqueuses sont décolorées, les pommettes sont saillantes, les joues excavées, les yeux cernés, les seins ne sont plus appréciables, les côtes sont des reliefs saillants, chaque apophyse épineuse se dessine sous la peau, la paroi abdominale rentrée accuse le relief des fausses côtes et dessine le contour du bassin. La graisse sous-cutanée a disparu, les reliefs musculaires sont à peine perceptibles, on ne perçoit guère que les reliefs osseux, l'aspect est vraiment squelettique.

La circonférence des membres supérieurs et inférieurs, au niveau de leur partie la plus saillante, donne les chiffres suivants :

Jambe......................	19 centimètres.	
Cuisse......................	23	—
Avant-bras..................	13	—
Bras....................,..+...........	14	—

· Malgré cet état, la malade ne peut encore marcher, mais au moindre obstacle elle s'affaisse. Si on l'interroge et qu'on lui demande pourquoi elle ne mange pas, elle répond qu'elle n'a pas faim. Sa quiétude d'esprit est d'ailleurs parfaite ; elle reste calme et tranquille, paraît indifférente à sa maigreur et ne partage pas les alarmes de son entourage. Elle présente au contraire ce « contentement pathologique », pour employer une expression de Lasègue, qui est si fréquent dans les diverses formes de manifestations hystériques. Pendant son séjour dans sa famille, les sollicitations inquiètes de son entourage n'ont fait qu'augmenter son obstination à ne plus manger ; il semble même que l'excès d'insistance de ses parents ait eu pour but d'amener chez elle un excès de résistance.

Cependant son jeûne n'est pas absolu ; si elle a supprimé la plupart des aliments et particulièrement le pain, la viande, les légumes, elle continue néanmoins à se nourrir quelque peu, en absorbant chaque

jour quelques cuillerées de café noir et un peu de fro-
mage. L'ingestion de ces aliments ne lui cause ni souffrance, ni dégoût réel, ni nausées.

L'examen physique des divers organes donne un résultat négatif ; la percussion et l'auscultation ne révè-
lent aucune modification dans l'état du sommet des
poumons ; le cœur ne présente pas de souffle ; les
bruits sont réguliers, mais faibles et lents ; le foie
et la rate sont normaux ; le ventre est souple, sans
induration ni empâtement ; la constipation est opiniâtre. Les réflexes rotuliens et achilléens sont complètement abolis ; il en est de même du réflexe pharyngien. On ne constate pas de stigmates hystérogènes, ni
de plaques anesthésiques, ni de rétrécissement du
champ visuel.

La pression artérielle donne 15 au Pachon, la température indique une légère hypothermie ; les urines,
rares, contiennent peu de chlorures (3 grammes 25
par litre).

Il y a une suppression totale des règles depuis le
début de l'anorexie et c'est là un symptôme qui est
constant dans tous ces cas.

Dès la première visite nous déclarons à la malade la
gravité de son état, si elle ne veut point se soumettre
à un traitement sévère dont la condition fondamentale
est l'isolement, c'est-à-dire la suppression absolue de
tout contact familial. En présence de l'affirmation
énergique de notre foi dans sa guérison, elle se décide
à entrer à la maison de santé du Pré. Le traitement

purement moral auquel elle est soumise consiste à la convaincre que non seulement elle peut, mais encore qu'elle doit s'alimenter et à lui donner les indications précises d'un régime progressif. A ces entretiens psychothérapiques n'est adjoint aucun traitement médicamenteux ni hydrothérapique. C'est particulièrement en faisant appel au souvenir de sa mère et en lui montrant la peine qu'elle éprouverait en voyant sa fille dans un état aussi pitoyable, que nous obtenons d'elle quelques essais d'alimentation lactée. Les premiers jours elle a des mouvements de révolte et déclare à la sœur chargée de la surveiller qu'elle ne mangera plus ; elle essaie de cacher ses aliments sous son lit et dans sa table de nuit ; mais, par suite de la surveillance étroite dont elle est l'objet, elle ne tarde pas à s'apercevoir que ses supercheries sont vite déjouées.

L'alimentation, d'abord exclusivement lactée, est ensuite semi-liquide, puis composée de laitages, de potages au lait, de pâtes très cuites, de légumes cuits et passés et enfin de viande rôtie.

Les pesées hebdomadaires, qui accusent une augmentation moyenne de 1 kilogramme par semaine, sont pour la malade le meilleur des encouragements. Pendant le premier mois de traitement, elle augmente de 6 kil. 500 ; en décembre de près de 5 kilogrammes ; en janvier de 4 kilogrammes ; en février d'environ 3 kilogrammes ; enfin en mars l'augmentation est de 4 kilogrammes. Au commencement d'avril le

poids est de 46 kilogrammes l'augmentation étant de
21 kilogs depuis le début du traitement.

Bien que la malade n'ait pas encore atteint son poids
normal et que les règles ne soient pas encore réapparues, nous lui conseillons de rentrer dans sa famille et
d'y achever sa guérison, l'état physique et moral étant
aussi satisfaisant que possible.

La marche s'effectue sans aucune claudication, tous
les mouvements du genou et de la hanche gauche se
font normalement, les contractions et les points douloureux ayant disparu dès les premiers jours du traitement.

OBSERVATION X

**Anorexie mentale chez un nourisson, par le Dr Buffet-Delmas
Professeur à l'Ecole de Médecine de Poitiers (1910).**

X..., né le 1er juin 1906, a terme. On ne trouve pas
dans trois générations qui le précèdent de sujets hystériques, pas même de sujets particulièrement nerveux.
Le père et la mère ont une très belle santé ; le père a
seulement l'appétit un peu capricieux ; la mère par contre a eu depuis sa naissance un appétit excellent et très
régulier. Elle présente des antécédents d'arthritisme
très marqués, avec tendance à l'obésité ; la grossesse a
évolué sasn incidents, malgré des émotions très pénibles ; pas d'albumine dans les urines aux différentes

analyses faites régulièrement ; trois semaines avant l'accouchement ; une analyse donne une réaction positive intense qui augmente avec le régime lacté absolu ; un examen plus approfondi démontre qu'il s'agit d'albuminoïdes et non d'albumine vraie, et une alimentation riche en légumes, pauvre en viande, ramène les choses à l'état normal.

L'accouchement se passe sans le moindre incident, l'enfant pèse à la naissance 3 kilog. o3o, il est maigre ; son système osseux est très développé, il est très remuant ; il est nourri au sein de sa mère, mais il a, dès le début, peu d'appétit, est excessivement distrait et se retourne brusquement au moindre bruit pendant les tétées, provoquant par ses mouvements intempestifs des gerçures au sein de sa mère, gerçures qui dureront aussi longtemps que l'allaitement et le rendront particulièrement pénible.

Le premier mois, le poids augmente seulement de 14o grammes ; mais à partir du deuxième mois, l'enfant reprend son accroissement normal et il pèse le 18 mai 1907, 9 kil. 200.

Depuis le mois de décembre, l'enfant prenait très bien, outre le sein de sa mère, 200 grammes de lait de vache stérilisé en deux fois.

Le 21 mai 1907, il refuse le sein, sa mère ayant commencé une seconde grossesse fin mars ; on est obligé de le nourrir artificiellement à l'aide de lait stérilisé auquel on essaie d'ajouter des bouillies.

Après deux jours, l'enfant refusant les bouillies, on

revient au lait pur ; il mange également un peu de pain tenu dans sa main.

Le 1er juin, le poids est tombé à 9 kil. o3o ; on essaie de délayer un jaune d'œuf dans du lait ; il survient des troubles intestinaux qui persistent du 4 juillet au 13 août, avec des alternatives d'amélioration et d'aggravation ; on est obligé de revenir au lait pur ; le 18 août, le poids est de 8 kil. 52o.

L'enfant refuse absolument les bouillies.

21 août : première incisive gauche inférieure.

19 septembre : poids, 9 kil. 21o.

21 septembre : première incisive droite supérieure.

3o septembre : deuxième incisive droite supérieure.

6 octobre : première incisive droite inférieure.

10 octobre : première incisive gauche supérieure.

2 novembre : poids, 9 kil. 46o.

17 novembre : deuxième incisive droite inférieure.

17 janvier 1908 : poids, 9 kil. 89o.

19 janvier : deuxième incisive gauche inférieure.

23 janvier : deuxième incisive gauche supérieure.

2 8janvier : première molaire droite supérieure.

29 janvier : poids, 10 kil. 125.

Dans les premiers jours de février, l'enfant, que l'on n'a jamais mis sur les jambes, qui restait assis sur un tapis, se redressant contre les meubles quand il lui plaisait, marche seul d'une façon très solide.

16 mars : première molaire droite inférieure.

3 avril : première molaire gauche supérieure.

L'enfant allait aussi bien que possible ; l'évolution

des dents, retardée sans doute, par suite d'une disposition familiale, sur laquelle j'aurai l'occasion de revenir
dans une autre note, se faisait sans le moindre incident ; l'alimentation se composait de lait, 1 litre environ, de pain et d'eau ; les digestions étaient excel-
lentes, tout était pour le mieux, quand brusquement,
sans aucune raison apparente, l'enfant refuse toute
nourriture le 21 avril.

On essaie alors de l'alimenter malgré lui ; quatre
fois par jour, avec une peine inouïe, sa mère lui en-
gurgite de force, grâce à une tasse à bec, du lait, pur,
une bouillie légère ou un jaune d'œuf dans du lait ;
l'enfant crie, se débat malgré les personnes qui le tiennent, crache, avale fort peu de chose ; finalement, il
arrive à redresser la pointe de sa langue devant l'ori-
fice buccal, de façon à former une barrière arrêtant
les aliments.

10 mai : Première molaire gauche inférieure.

18 mai : Poids : 9 kilog. 800.

25 mai : 9 kil. 700.

Ce même jour, il commence une crise d'entérite ;
douleurs abdominales, diarrhée abondante et fréquente, etc., pas de vomissements. On institue la diète
hydrique pendant quarante-huit heures ; après quoi,
on essaie les bouillons de légumes que l'enfant refuse,
la bouillie fanfan, puis enfin le lait stérilisé, qu'il refuse également.

Pendant l'un des bains tièdes qu'il prend, il se précipite sur l'éponge avec laquelle on le frotte, la porte

à sa bouche et boit avidement avant qu'on ait eu le temps de la lui arracher ; à partir de ce jour, il refusera même de boire autrement qu'avec une éponge imbibée d'eau.

Enfin, après huit jours de diète absolue, les symptômes d'entérite ayant d'ailleurs complètement disparu et l'enfant refusant toute alimentation, on lui présente du pain, comme il en avait accepté avant le 21 avril ; il le prend et le mange avec un plaisir infini.

15 juin : poids, 9 kil. 200.

6 juillet : 9 kil.

Pendant la crise d'entérite, j'ai employé les piqûres de sérum de Quinton. J'en ai fait une première série, et, pour n'y plus revenir, j'en ai essayé une seconde, puis une troisième série avant le 10 octobre ; d'ailleurs, je dois le dire, sans résultat bien appréciable.

A partir de cette crise d'entérite, il fut impossible, malgré tous les efforts bien souvent réitérés, et avec insistance de tout l'entourage, de faire absorber autre chose que du pain et de l'eau ; encore le pain était-il pris en quantité très insuffisante.

L'enfant, qui avait cessé de marcher après sa crise d'entérite, recommence à marcher le 14 juillet, mais il se fatigue vite, il perd visiblement ses forces et s'amaigrit ; le sommeil de la nuit se prolonge ainsi que celui de la journée.

Dans les premiers jours d'octobre, l'enfant est arrivé à un état de maigreur effrayante ; sur tous les membres, on peut saisir de larges plis de peau, flasque, sèche, pulvérulente ; celle des mains est brunie,

comme si l'enfant avait vécu au bord de la mer ;
les yeux sont enfoncés dans les orbites, gardant cependant encore une certaine vivacité ; les joues sont
creuses ; le thorax présente des saillies des côtes, entre
lesquelles se creusent profondément les espaces inter-
cotaux ; l'abdomen est rétracté, la paroi est souple,
et l'on arrive très facilement sur la colonne vertébrale.
Les saillies osseuses des extrémités des membres sont
très marquées.

On constate au cou, aux aisselles et aux aines, de
la micropolyadénite. La langue reste rosée, l'haleine
ne présente aucune odeur ; la constipation est invincible ; on n'obtient de selles qu'avec des irrigations ;
elles sont constituées par de véritables billes, dures,
verdâtres ; leur évacuation s'accompagne parfois de
chute de la muqueuse rectale. Les urines sont peu
abondantes. La respiration est faible, mais non préci-
pitée ; les battements du cœur de même ; on constate du refroidissement des extrémités, surtout des
inférieures ; l'enfant a dû être entouré de bouillottes
dans son lit tout l'été. Le sommeil est très profond,
très calme, très prolongé (dix heures sur vingt-quatre),
et encore l'enfant resterait-il étendu plus longtemps
si on voulait l'écouter ; bien entendu, il ne marche
plus, il se tient même péniblement assis dans la voiture où on le promène à la campagne.

Pendant un voyage à Paris, je demande un avis à
M. le professeur Hutinel et également à M. le Docteur
Comby. Tous deux m'engagent à tenter l'alimenta-

tion par la sonde, avec les plus grandes précautions naturellement, étant donné l'état d'inanition de mon petit malade.

Je commence le traitement le 10 octobre, avant de coucher l'enfant, le soir ; avec une sonde œsophagienne N° 24, je fais passer dans l'estomac une bouillie, constituée par une cuillerée à café d'aliment Mellin, une cuillerée à soupe de farine Nestlé, le tout délayée dans environ deux cuillerées à soupe d'eau bouillie et additionné de trois cuillerées à soupe de lait bouilli tiède.

Le cathétérisme est facile, le réflexe pharyngien nauséeux manque complètement ; il y a seulement un peu de spasme, et la bouillie passe assez rapidement avec un entonnoir.

Chaque jour, je renouvelle le cathétérisme le soir, en augmentant très doucement la dose, jusqu'au 22 octobre inclus ; les derniers jours, le gavage se compose de deux cuillerées à café d'aliment Mellin avec deux cuillerées à soupe de farine lactée Nestlé, délayées dans l'eau avec adjonction de lait, volume 150 centimètres cubes.

Depuis le 10 octobre, dès le premier gavage, l'amélioration s'est nettement manifestée ; l'enfant est plus éveillé, plus gai ; il revient à la vie, se tient debout ; recommence même à marcher ; la constipation opiniâtre a disparu, et les selles se produisent spontanément, moulées et bien digérées.

Le 23 octobre, poids nu, 8 kil. 090. Nous faisons un

gavage le matin au réveil, un autre le soir avant le coucher ; dans la journée, l'enfant mange ses croûtes de pain. Les gavages sont très bien supportés ; la dose de la semaine précédente est doublée ; l'amélioration s'accentue rapidement ; l'enfant marche assez longtemps sans se reposer ; le sommeil de l'après-midi est moins long.

29 octobre : canine supérieure gauche.

30 octobre : poids nu, 8 kil. 350.

6 novembre : 8 kil. 690 l'amélioration s'accentue tous les jours ; l'enfant marche pendant 800 mètres sans se reposer.

13 novembre : poids, 8 kil. 970.

20 novembre : poids, 9 kil. 270.

27 novembre : poids, 9 kil. 480.

L'alimentation est légèrement augmentée ; à chaque gavage, quatre cuillerées à café d'aliment Mellin et trois cuillerées à soupe de farine lactée, 25 grammes de sucre.

4 décembre : poids, 9 kil. 620.

11 décembre : poids nu, 10 kil. 320.

L'augmentation de poids (700 grammes) pendant cette semaine me paraît tellement forte que j'ai recommencé la pesée trois fois et avec deux balances différentes. D'ailleurs, l'amélioration de l'état général correspond exactement.

18 décembre : poids, 10 kil. 405.

25 décembre : poids, 10 kil. 590.

26 décembre : canine inférieure droite.

31 décembre : canine supérieure gauche.

1er janvier 1909 : poids, 10 kil. 630.

8 janvier 1909 : 10 kil. 860. Taille, 84 centimètres.

Le 19 janvier, j'essaie de faire un troisième gavage dans l'après-midi, après que l'enfant a fini de manger son pain et avant de le coucher, ce gavage comprend un œuf complet cru et battu avec une cuillerée à café de sucre en poudre.

22 janvier : poids, 10 kil. 970.

29 janvier : poids, 11 kil. 030.

5 février : poids, 10 kil. 990.

12 février : poids, 10 kil. 970. Taille 85 cent. 5.

19 février : poids, 10 kil. 995.

A partir du 22 février, je donne deux œufs dans l'après-midi. L'enfant très énergique, se livre dans la maison à un exercice insensé ; en outre, j'ai recommencé depuis un mois à lui faire faire, aussi souvent que le temps le permet des promenades d'une heure, pendant lesquelles l'allure est un peu vive, pour éviter le froid.

5 mars : poids, 11 kil. 310.

19 mars : poids, 11 kil. 490. Taille 86 cent. 5.

2 avril : l'enfant ayant eu un peu de diarrhée la veille, je supprime les œufs de l'après-midi.

10 avril : l'enfant a des vomissements, puis l'orage se calme.

16 avril : le poids tombe à 10 kil. 990. Taille, 86 centimètres 2. Ce même jour, l'enfant étant tout à fait bien depuis quatre jours, j'essaie, dans l'après-midi, deux

jaunes d'œufs battus avec du sucre en poudre ; le blanc
des œufs a été soigneusement écarté.

30 avril : poids, 11 kil. 620.

5 mai : canine inférieure gauche.

14 mai : poids, 11 kil. 785. Taille, 88 cent. 5.

28 mai : poids, 11 kil. 645.

1er juin : je remplace les jaunes d'œuf de l'après-
midi par 200 grammes de lait.

2 juin : je donne seulement 100 grammes de lait dans
l'après-midi.

4 juin : poids, 11 kil. 540.

11 juin : poids, 11 kil. 545. Reprise des jaunes d'œuf
l'après-midi.

18 juin : poids, 11 kil. 945. Taille, 89 cent. 5.

2 juillet : poids, 12 kil. 250.

9 juillet : poids, 12 kil. 325.

23 juillet : poids, 11 kil. 940. Taille, 91 centimètres.

6 août : 12 kil. 260.

10 août : le gavage de l'après-midi paraissant mal to-
léré est définitivement supprimé.

17 août : le sucre est supprimé dans les gavages du
matin et du soir ; ils se composeront dorénavant de six
cuillerées à soupe de farine lactée, délayées dans six
cuillerées à soupe d'eau bouillie et additionnées de lait
jusqu'à 300 centimètres cubes.

27 août : 12 kil. 150.

16 septembre : deuxième molaire inférieure droite.

20 septembre : l'enfant commence à manger du cho-

colat Peter dans la journée, et il continuera tous les jours depuis cette époque.

29 septembre : deuxième molaire supérieure droite.

A partir de cette époque, les poids seront pris moins régulièrement et sur une bascule, l'enfant étant beaucoup trop remuant et ne restant pas dans la corbeille sur la balance.

Novembre : taille 92 centimètres.

Janvier 1910 : taille 95 centimètres.

28 avril : 97 cent. 5.

31 mai : à la fin de sa quatrième année, la taille est de 97 cent. 5 ; le poids, déduction faite de ses vêtements, 14 kil. 830.

26 juin : Taille, 99 centimètres.

Au lieu de délayer les farines dans l'eau, nous les délaierons dans du lait, ce qui augmentera la valeur nutritive de la bouillie sans augmenter le volume ingéré.

Octobre : taille 1 mètre.

25 octobre : la bouillie du soir est remplacée par deux œufs complets, sucrés et délayés dans du lait bouillant jusqu'à 300 centimètres cubes ; puis je supprime une bouillie du matin tous les deux jours et la remplace par un gavage d'œufs et de lait.

Le 24 décembre, l'enfant est pris de la grippe ; pendant quarante-huit heures, les gavages sont pénibles à cause des vomissements consécutifs aux quintes de toux provoquées par l'introduction de la sonde.

30 décembre : taille 1 m. 035.

3o janvier 1911 : l'enfant commence à boire de l'eau au verre.

8 mars : 1 m. 06.

Enfin, le 3 mai, après une lutte de plusieurs heures, nous arrivons, sa mère et moi, à lui faire boire du lait dans une tasse ; le 4 mai, je supprime le gavage du matin et, le 15 mai, je supprime le gavage du soir.

L'enfant fait alors trois repas dans les vingt-quatre heures, composés chacun d'un jaune d'œuf dans 250 centimètres cubes de lait ; dans l'après-midi, il fait un repas de croûte de pain et de chocolat Peter.

Le 21 juin, je pouvais le ramener définitivement dans sa famille à la campagne. Depuis, l'amélioration s'accentue, pour chaque aliment nouveau essayé, il y a une certaine hésitation tout d'abord ; il reste toujours la peur d'avaler.

Aujourd'hui, 8 décembre, le poids est 18 kil. 120 ; la taille, 1 m. 11.

L'alimentation se compose de lait, laitages de toutes espèces, de bouillies, de potages, d'œufs brouillés, de cervelles, de viande hachée, ajoutée aux potages ou aux œufs brouillés, de purées, de confitures, de pain et de gâteaux sec.

L'enfant sent l'appétit, demande à manger, et voit avec plaisir arriver l'heure des repas.

Il ne lui reste que son incontinence nocturne d'urine ; dans la journée, il sera sept, huit ou neuf heures sans uriner ; dans la nuit, au contraire, il est souvent mouillé deux heures seulement après s'être endormi ;

il n'est donc pas possible de le réveiller à heure fixe pour éviter cet inconvénient.

Il dort d'ailleurs d'un sommeil très profond pendant onze ou douze heures ; dans la journée, il est infatigable.

En résumé, un petit garçon, ayant refusé de s'alimenter à partir de l'âge de vingt deux mois, a été sauvé de la mort par inanition, grâce à une série de gavages quotidiens, continués pendant près de trois ans, sans aucune interruption.

Le nombre total de gavages s'élève à 2,050. A notre connaissance, il n'a pas été publié de cas d'anorexie mentale chez les nourrissons ayant eu une semblable durée et nécessité un pareil nombre de gavages.

OBSERVATION XI

Anorexie mentale (inédite, due à l'obligeance de M. le Pr E. Régis)

La malade est une jeune fille de 17 ans. Elle est petite fille par son père d'un savant original, qui en plein été portait trois pardessus ; une sœur de son père avait la même manie. Le père est un homme bien équilibré. La mère est intelligente et Mlle J. est l'ainée de six enfants. Ses frères et sœurs nous dit-on au moment où nous la voyons, pour la première fois, sont bien portants et normaux.

Nous eûmes depuis à donner nos soins à deux de ses

frères qui présentèrent au moment de leur adolescence
des troubles psychonévropathiques. L'un d'eux fit d'a-
bord de l'hystéro-neurasthénie de l'adolescence avec obsessions, fugues, puis de la démence précoce catatéris-
que qui évolua rapidement vers la démence.

Un autre de ses frères qui fut toujours un timide fit
une crise de neurasthénie profonde.

Mlle J. est une jeune fille intelligente qui fut toujours très studieuse. Elle n'eut dans son enfance aucune
maladie grave et fut réglée à 13 ans. Après deux ou trois
menstruations sous l'influence d'imprudences, prétend
la mère (pieds dans l'eau, etc...), ses règles disparurent.

A l'époque de sa première communion elle eut une
période de mysticisme scrupuleux, avec inquiétudes de
conscience qui l'obligeaient à des confessions fréquentes « pour des riens » suivant son expression.

Bien portante et déja formée, à la suite de « je ne
sais quelle idée, pour maigrir » nous dit la mère, elle se
mit alors à restreindre son alimentation dé façon in-
quiétante, mangeant de moins en moins elle opposait
une inflexibilité absolue à toute sollicitation de la part
de ses parents. Prières et menaces ayant tour à tour été
employés sans succès, on se décide à nous la conduire.

La malade se présente à nous dans un état de maigreur extrême, émaciée, presque diaphane, ses os ilia-
ques faisant saillie sur les hanches. Notre interrogatoire
nous dévoile en elle une jeune fille qui à la suite de la
crise de mysticisme maintenant terminée s'est tout à

coup éprise d'idéal et de littérature. Elle passe la plus grande partie de ses nuits à lire. Lamartine est son auteur préféré.

Jocelin et Graziella la mettent dans le ravissement. Les choses de la nature lui font horreur, il lui serait pénible de se sentir devenir femme, d'avoir des formes ; son corps la gêne pour mener la vie d'idéal qu'elle s'est tracée, aussi s'emploie-t-elle par tous les moyens à le réduire à sa plus simple expression.

Elle pense au mariage, qu'elle entrevoit comme l'union de deux âmes, de deux esprits ; aussi veut-elle d'un être supérieur comme époux. Ce qui est de la nature, du corps la laisse profondément indifférente.

Nous conseillons l'isolement dans une maison de santé hydrothérapique. Laissant entrevoir à la malade que ce n'est là pour elle qu'une période de transition qui la conduira fatalement à l'asile d'aliénés si elle n'y suit pas les conseils qui lui seront donnés. Nous lui montrons combien l'existence qu'elle mène est précaire et vide, loin d'être, comme elle le croit, pleine d'idéal et de beauté. Une pareille façon de se conduire ne peut que lui faire perdre la raison et la santé. Nos dires semblent l'émouvoir, la malade nous promet en pleurant d'être raisonnable, surtout si on ne la tourmente pas trop pour manger « car cela il faut que ça vienne d'elle ».

Mlle J. fut conduite dans la maison de santé que nous avions conseillée. Elle y suivit le traitement suivant :

Deux fois par jour il lui fut donné une douche tempérée à 20° suivie pendant la dernière quinzaine d'une douche froide à 10° de quelques secondes.

Trois fois par semaine elle fut soumise à un traitement électrothérapique : franklinisation, bain statique et souffle pendant huit minutes. Quotidiennement et les premiers temps deux fois par jour, par des causeries, des encouragements sans hypnotisme ni suggestion, la malade fut incitée à abandonner ses rêveries idéales et à s'intéresser davantage aux choses de la vie ordinaire. La suppression des lectures nocturnes fut faite dès les premiers jours de l'isolement.

La malade fut soumise à un régime alimentaire sévère et progressif.

A sa sortie de la maison de santé elle a augmenté de huit kilogs. Ses règles n'ont pourtant pas reparu.

Nous fûmes appelé à la voir de nouveau à ce moment, comme nous lui disions qu'elle était sortie un peu prématurément à notre avis de la maison de santé, elle nous dit que la vie inoccupée qu'elle y menait lui pesait énormément ; qu'il lui tardait de ne plus être pour sa famille un sujet de soucis et de préoccupation, de retourner à ses habitudes. Elle nous confia qu'elle les avait reprises comme avant d'être malade. « Depuis que je suis arrivée nous dit-elle, les distractions ou les travaux ont pris tout mon temps et se sont succédés de manière à ne pas me permettre de songer aux choses tristes. Aussi je me reprends vraiment à aimer la vie en pensant que j'y puis encore donner du bonheur à quelqu'un. Cependant je suis de votre avis, je ne me crois pas entièrement guérie et j'ai l'intention de retourner chez le Docteur X..., j'y reviendrai du reste avec plaisir ».

Mlle J. tint du reste sa promesse, retourna pendant quelques semaines faire une cure d'isolement et de psychothérapie d'où elle revient avec quelques kilogs de plus et un état mental satisfaisant.

Mlle J. guérie, s'est mariée depuis.

OBSERVATION XII

Anorexie mentale (due à l'obligeance de M. le Pr E. Régis)

Mlle H. est amenée à notre consultation, portée sur une chaise, étant dans l'impossibilité absolue de se tenir debout.

Son père et sa mère qui l'accompagnent nous mettent au courant des faits suivants :

Ils sont de petits cultivateurs de condition modeste, gérant eux mêmes la terre sur laquelle ils habitent.

Leur fille H. a 18 ans.

Malade depuis deux ans et demie l'état de maigreur alarmant dans lequel elle se trouve les a décidés à nous la conduire.

Il n'y a dans la famille aucune trace névropathique. Les antécédents héréditaires de la malade qui est fille unique n'offrent aucune particularité intéressante.

Avant la maladie actuelle Mlle H. jouissait d'une très bonne santé.

Toujours très bien développée pour son âge, elle était à 12 ans et demi, au moment ou elle voit apparaître ses règles une exubérante petite fille que tout le monde complimentait sur sa santé florissante.

A l'âge de 15 ans et demie, pesant 59 kilogs, sans raison apparente pour les parents, H. réduit petit à petit son alimentation, s'ingéniant à manger chaque jour un peu moins que la veille. A mesure que les parents insistent pour la faire manger, H. qui avait jusque-là un bon caractère, devient inquiète, acariâtre, quand il s'agit de sa nourriture, et oppose aux prières comme aux menaces un entêtement absolu. Elle en est arrivée à se nourrir depuis un an à raison de deux pruneaux, d'un œuf et d'un quart de pomme par jour. Toujours très active, H. a continué jusqu'au jour ou elle a été incapable de se traîner à vaquer non seulement aux occupations d'une jeune fille de son âge, mais à tout faire dans les choses du ménage, depuis les courses à l'extérieur pour lesquelles elle a une prédilection marquée jusqu'à l'entretien des parquets. Elle faisait tout cela non seulement avec entrain, mais avec une précipitation fébrile ne faisant qu'augmenter à mesure qu'elle maigrissait.

Actuellement le régime auquel elle s'est soumise l'a cloué sur la chaise sur laquelle on l'a transporté, incapable de se tenir debout et continuant à ne pas vouloir manger.

Mlle H. a 1 m. 65 et pèse 29 kilogs.

S'interrogeant en dehors de ses parents et faisant appel à sa confiance, nous pouvons, après bien des atermoiements et des hésitations, obtenir quelque confidence et débrouiller l'état psychique de la malade qui en fait, intelligente, s'analyse assez bien. Comme sa mère nous l'a dit, H. a toujours été une belle et grosse enfant.

En pension, comme dans sa famille on lui a fait à ce sujet bien des réflexions auxquelles, petite fille, elle ne prêtait pas attention. Mais plus tard, il y a trois ans, une de ses tantes lui fit remarquer que si elle continuait à garder les proportions qu'elle avait, elle deviendrait « grosse comme sa mère ».

Cette comparaison et cette perspective la frappèrent et l'effrayèrent tellement qu'elle prit intérieurement et tout d'un coup la résolution, non seulement de ne plus engraisser, mais de maigrir. Et dès lors, au jour le jour, et graduellement « pour qu'on ne s'en aperçoive pas et puis pour ne pas me fatiguer ; parce que autrement je n'aurais pas pu » H. réduisit sa nourriture de plus en plus, mangeant moins de chaque mets, puis se privant d'un mets par repas, supprimant tour à tour la soupe, la viande, le pain sous de futiles prétextes.

Une amourette qu'elle eut à ce moment là et au sujet de laquelle ses parents surprirent une correspondance ne fit qu'aggraver la situation.

Récriminations et menaces paternelles, prières et supplications d'une mère s'ingéniant à cuisiner des « dou-

ceurs et des petits plats » loin d'atteindre leur but, sti-
mulaient au contraire le refus systématique d'alimentation.

Mlle H. toujours occupée, active, jusqu'à l'agitation
perdait l'appétit qui était « le désir de manger d'un plat
qui lui plaisait » puis la faim « qui vient de l'estomac », selon ses propres expressions.

Bientôt lasse après ces journées de travail continuel
et d'abstinence ; puis fatiguée dès le milieu du jour, H.
ayant depuis dix mois atteint le régime des pruneaux
et du quart de pomme n'avait plus aucune désir, aucune envie.

Si elle avait voulu manger à ce moment là, nous dit-
elle elle n'aurait pas pu y arriver. Et c'est dans cet état
qu'elle est depuis deux mois.

Nous raisonnons longuement, la malade qui paraît
vouloir se soumettre et conseillons l'isolement dans une
maison de santé hydrothérapique.

Mlle H. y entre quelques temps après, le 26 avril 1909,
pesant 30 k. 550.

Le régime alimentaire composé d'abord de laitage et
d'œufs, rapidement complété par l'adjonction de pâtes
alimentaires, purées de légumes et viandes, la fait engraisser dans les proportions suivantes.

1er mai.............................	30 k. 950	
11 mai.............................	33	
24 mai.............................	35	
3 juin.............................	35	500

10 juin	37	250
26 juin	38	500
17 juillet	40	200

Mlle H. quitte ce jour même la maison de santé, trop prématurément à notre avis. Elle y retourne du reste, sur nos conseils, dès les premiers jours d'octobre.

Le 8 octobre elle pesait	39 k.	450
Le 14 octobre	40	
Le 3 novembre	40	300
Le 9 novembre	40	
Le 16 novembre	40	500
Le 23 novembre	41	
Le 11 décembre	41	500

Et de nouveau, pour des raisons d'ordre matériel que nous avions su apprécier, H. quitte la maison de santé.

Elle a grand peur de revenir chez elle, ou elle sent dit-elle que « ça va recommencer ». Retrouvant, avec un relatif embonpoint, l'activité d'antan, elle était reprise déjà, vers la fin de ce second séjour dans l'isolement, de son agitation continuelle. Remuant tous les meubles et tous les bibelots de sa chambre sous prétexte d'abord de les nettoyer, elle recommençait, plusieurs fois dans la journée, cet exercice qui n'avait pas de raison de cesser.

Quittant la maison de santé, Mlle H. est prise d'un besoin tel d'activité qu'elle vient, se confiant à nous, nous supplier d'agir vis-à-vis de ses parents dont la situation s'est considérablement oblitérée du fait de son entretien dans une maison de santé (chose qui la tracasse énormément), pour qu'ils lui permettent d'aller chercher à Paris des moyens d'existence que son intelligence et son éducation lui font espérer d'obtenir.

Contrairement à toutes les indications dans pareil cas, d'une part voyant très bien que la reprise de la vie commune avec ses parents à la campagne lui sera funeste et curieux, d'autre part, d'en voir l'effet, j'opine dans le sens de la malade, qui est autorisée à partir pour Paris, vers le commencement de 1910, afin d'y suivre des cours de dactylographie.

En peu de temps, Mlle H. obtient son brevet de sténodactylographie et, suivant le désir qu'elle en exprime, est placée chez un industriel par les soins de l'Institut dactylographique qu'elle quitte.

Mlle H. mène à Paris la vie régulière et active que comporte sa nouvelle situation. Elle mange bien, régulièrement, « sentant venir l'heure des repas avec faim, elle se met à table avec appétit ». Faisant peu d'exercice, en dehors du chemin entre sa maison de famille et son bureau, elle voit en juin et juillet 1910 ses règles réapparaître. Elle vit parfaitement heureuse « c'était le bon temps » nous dit-elle.

Il ne devait pas être de longue durée.

Renvoyée subitement, sans motif de sa part, de la maison dans laquelle elle était employée, Mlle H. en conçoit un tel chagrin et un tel dépit qu'elle quitte Paris et retourne chez ses parents, désempérée, effondrée.

Immédiatement elle se met à ne plus manger et revient d'elle même se confier à nous. Malgré les sacrifices auxquels ils seront obligés, ses parents sont décidés à la remettre pour quelque temps au moins et, tant qu'ils le pourront, dans la maison de santé où H. a déjà fait deux séjours. Après avoir pris mon avis, elle y est retournée au commencement du mois de juin 1913.

Le 6 juin elle pesait 44 k. 800 ; à ce moment nous la voyons de nouveau et nous sommes frappés par la différence qui existe entre l'état d'émaciation de son corps et l'état de bouffissure de son visage.

Avec sa face large, ses yeux bridés aux paupières gonflées, son teint tour à tour blafard et terreux, ses cheveux rares et cassants, Mlle H. a l'aspect mongolien.

Pleine de bonne volonté en apparence elle est inquiète, tatillonne et susceptible avec les personnes qui l'approchent ; elle finit par nous avouer qu'elle désespère d'améliorer son état et que dès lors, elle ne voit plus la nécessité de manger. La vie active qui lui est absolument nécessaire, est incompatible avec son état d'anorexie. C'est un cercle vicieux d'où elle sent qu'elle ne peut plus sortir.

Elle a encore une très grande répugnance à reprendre la vie familiale qui lui est funeste. Un autre séjour à Paris ou dans une grande ville où elle pourrait trouver une occupation semble lui tenir bien à cœur. Elle demande a ce qu'on s'occupe d'elle dans ce sens, de façon à pouvoir quitter dès qu'il ira un peu mieux cette maison de santé où ses parents n'ont plus les moyens de l'entretenir. Au moment où nous terminons ce travail nous apprenons qu'une amélioration sensible s'est manifestée dans l'état de Mlle H. soumise depuis un mois au traitement opothérapique ovarien et thyroïdien.

OBSERVATION XIII

Anorexie mentale (Observation personnelle)

Mlle M. C..., 24 ans.

Antécédents héréditaires. — Père très émotif, d'une intelligence plus que médiocre jouit d'une assez bonne santé.

Mère névropathe, caractère très impressionnable, inquiet et instable. Peu intelligente et n'ayant confiance en personne.

Antécédents personnels. — A part la rougeole qu'elle a eu à huit ans, Mlle M. C... s'est toujours bien portée et semble avoir vécu normalement jusqu'à l'âge de 12 ans.

A ce moment, son caractère devint maussade; ayant été très gâtée par des parents qui subissent sans récrimination, toutes ses fantaisies, elle devient capricieuse et volontaire.

Elle est réglée pour la première fois à 13 ans. Restée assez petite jusqu'à cet âge, elle fait subitement une poussée de croissance qui la fatigue beaucoup. Elle est longue à s'en remettre et comme son médecin lui conseille le grand air, elle s'habitue, vivant à la campagne à faire quotidiennement de longues promenades à pied. Ses règles disparaissent au bout de deux mois.

Au printemps 1909, Mlle M. C... qui vient d'avoir vingt ans, est une jeune fille plutôt petite (1 m. 60), qui sans être malingre, semble avoir une santé peu robuste et un caractère plutôt mauvais. En fait toujours mécontente, inquiète et grincheuse, il semble que la faiblesse de ses parents à son endroit l'irrite plus qu'elle ne la satisfait. Au mois de mai, ses règles réapparaissent, puis, à la suite de plusieurs jours de grande lassitude et d'irritabilité encore plus marquée, pendant lesquels Mlle M. C... se plaint souvent de douleurs d'estomac et de malaise fréquents, on constate qu'elle a subitement grandi. Son médecin évalue à trois centimètres au moins, l'augmentation de sa taille dans l'espace de quinze jours environ. Elle est longue à se remettre de cet état de grande fatigue et en réalité, elle ne s'en relève pas ; ses règles disparaissent le mois suivant ; si elle reprend son activité ordinaire, elle continue à se plaindre journellement de douleurs d'estomac. C'est au mauvais fonctionnement de cet organe qu'elle attribue dès lors tous ses malaises. Son estomac ne fonctionnant pas bien, ne doit pas être fatigué, et Mlle M. C... commence à réduire son alimentation. Progressivement, sans écouter pour cela comme pour tout, du reste, ses parents et son médecin, elle mange de moins en moins.

Ce sont surtout ses digestions qui sont pénibles ;

pour les faciliter, Mlle M. C .. fait après ses repas des sorties qui ne sont plus des promenades mais de véritables exercices de marche.

L'amaigrissement est d'abord lent et surtout attribué à la poussée de croissance ; par suite de l'alimentation réduite et de l'agitation, il s'accentue bientôt et comme on le fait remarquer à la malade, elle répond que ses douleurs d'estomac sont la cause de sa maigreur. Elle en arrive, toujours dans le but de demander un effort moindre à son estomac, à se nourrir de quatre biscuits à la cuillère qu'elle trempe, pour combattre une constipation opiniâtre, dans un verre à bordeaux de jus de pruneaux.

Il y a un an environ que Mlle M. C... a commencé à être malade et elle va rester un an encore à vivre à ce régime de quatre biscuits par jour.

L'amaigrissement devient bientôt effrayant, les jambes sont œdématiées, la malade ne pouvant rester ni assise ni couchée, marche constamment, soit au dehors, soit dans sa chambre.

Cette agitation se continue jusqu'à la perte complète des forces ; lorsque Mlle M. C... s'arrête de marcher, elle ne peut déjà plus se tenir debout, immobile, ni assise, et c'est tout d'un coup, ne pouvant plus avancer qu'elle s'abat sur son lit, effondrée, anéantie.

Demeurée jusque-là complètement indifférente à la constatation de son amaigrissement, semblant uniquement préoccupée de ses douleurs d'estomac, elle reste un peu troublée de son abattement et demande elle-

même à revoir le Professeur R. Cestan, déjà appelé en
consultation par son médecin habituel et qu'elle n'avait
en rien voulu écouter jusqu'à ce jour. Elle se décide
enfin à suivre ses conseils, déjà bien souvent donnés,
de quitter sa famille et de suivre un traitement dans
une maison de santé.

Elle y est portée le 4 septembre 1911, dans un état
d'inanition fort avancé. Incapable de se tenir debout
elle est étendue sur un brancard et présente l'aspect
peu banal d'une momie habillée à la mode du jour.

La malade a 24 ans ; et paraît en avoir 60, tant son
visage est émacié. Nous faisons, à la fin de notre chapitre
de symptomatologie, le portrait de l'anorexique ayant
atteint cette période d'inanition, Mlle M. C... en a été
pour nous le prototype. Ajoutons qu'elle avait toutes
les peines du monde à parler, tant elle était faible et le
souffle qui entrouvait ses lèvres désséchées, parche-
minées, quand elle voulait articuler des paroles, lui
suffisait à peine à se faire comprendre.

De l'interrogation sommaire qu'elle subit, il résulte
que Mlle M. C... ne mange pas parce que, dès que son
estomac n'est plus vide, elle souffre ; ses digestions sont
très douloureuses, lui provoquent, dit-elle, des nausées
et des vomissements.

Si on ne doit pas guérir son estomac avant de la faire
manger, elle préfère mourir parce qu'elle souffre trop
en digérant. Elle a la phobie de la digestion ; plus
tard elle nous expliquera qu'elle sentait alors comme si
elle les touchait du doigt tous les aliments (même les

biscuits et le jus de pruneaux) qu'elle absorbait, arriver dans son estomac, le lui meurtrir et passer en la
faisant souffrir dans son intestin. C'est plus tard aussi
qu'elle nous avouera n'avoir jamais eu de nausées ni
de vomissements spontanés. Elle ne vomissait que lorsqu'elle se faisait vomir en introduisant un doigt dans
la bouche, dans le but de vider son estomac alors qu'au
début de sa maladie, elle sentait parfois encore le
besoin de manger.

Aménorrhée absolue depuis juin 1909.

Dès le jour de son entrée dans la clinique, sans être
menacée de la sonde, Mlle M. C... pour guérir son
estomac et quoiqu'elle soit persuadée devoir bien en
souffrir, consent à absorber en plus de ses quatre biscuits et de son jus de pruneaux, quatre jaunes d'œufs
dans un litre de lait pris en deux fois.

Il ne s'en suit pas de vomissements, mais de violentes récriminations contre les prétendues douleurs
d'estomac.

Le lendemain, huit œufs et un litre et demi de lait
sont absorbés sans trop de difficultés et ainsi pendant
trois jours.

Le cinquième jour, deux œufs de plus sont ajoutés
et on atteint deux litres de lait.

La malade étant un peu plus animée le sixième jour,
est transportée par un infirmier dans la salle d'électrothérapie. Cet homme, pourtant habitué à cette sorte de
malades, reste vivement impressionné par la « légèreté
et la longueur du corps » de Mlle M. C... qui est sou-

mise à une très courte séance de galvanisation rythmée de sa région précordiale et abdominale ayant pour but, lui dit-on, de guérir son estomac.

Mesurée et pesée immédiatement après nous trouvons que la malade a 1 mètre 65, et pèse 18 kil. 700 grammes (10 septembre 1911).

Nous n'avons trouvé dans aucune des observations publiées, une si grande différence entre le poids et la taille.

Mlle M. C... est vraiment d'une effroyable maigreur; si on tient compte qu'il y a six jours qu'elle s'alimente un peu, on peut supposer qu'elle a bien dû arriver à ne peser que 18 kil.

. Les jours suivants, on augmente le nombre des jaunes d'œufs jusqu'à 12, dans deux litres de lait.

Toujours pas de vomissements, mais des plaintes continues contre les douleurs d'estomac.

Le 19, le 22 et le 24 septembre, nouvelles séances d'électrothérapie, Mlle M. C... pouvant se tenir seule sur les jambes, est photographiée (Planche I et II). Elle pèse à ce jour 21 kil. L'épreuve qu'on lui montre deux jours après, semble l'impressionner beaucoup et nous en profitons pour augmenter son alimentation par l'adjonction d'un flan et le lendemain d'une assiette de farine d'avoine.

Progressivement on parvient, avec beaucoup de patience et au prix de bien de plaintes et de récriminations de la part de la malade, à lui faire prendre des purées de légumes avec de la viande crue rapée.

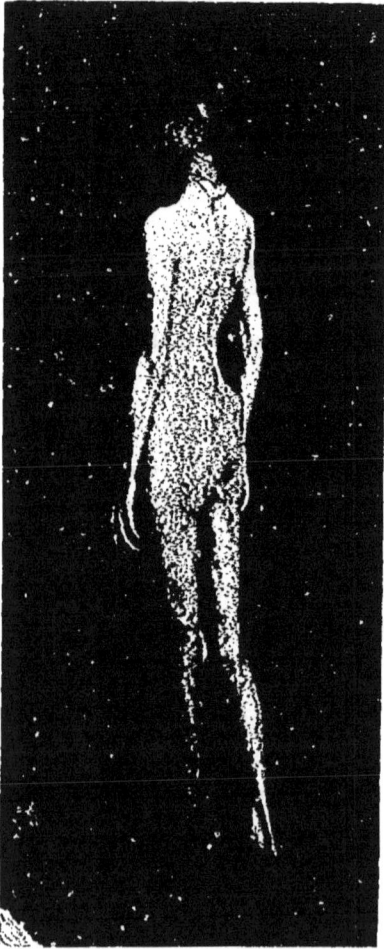

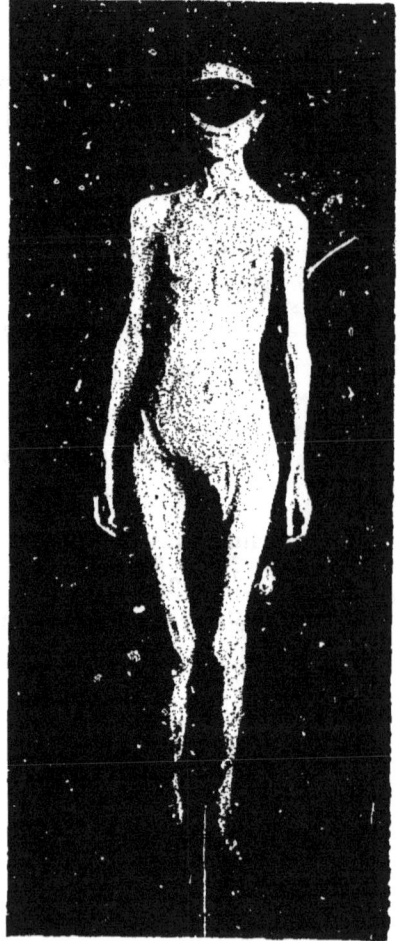

PLANCHES I et II

Anorexie Mentale

OBSERVATION XIII

Ce régime la fait augmenter dans les proportions suivantes données par les pesées rigoureusement faites
tous les huit jours.

Le 10 septembre 1911...................	18 k.	700
Le 17 —	19	
Le 24 —	21	
Le 1ᵉʳ octobre 1911....................	22	
Le 7 —	22	500
Le 14 —	23	
Le 21 —	23	500
Le 28 —	24	480
Le 3 novembre 1911....................	26	500
Le 10 —	27	250
Le 17 —	27	900
Le 24 —	28	200
Le 1ᵉʳ décembre 1911....................	28	800
Le 7 —	29	
Le 14 —	30	350
Le 21 —	31	300
Le 28 —	31	500
Le 3 janvier 1912....................	32	300
Le 10 —	33	
Le 17 —	33	700
Le 24 —	35	
Le 1ᵉʳ février 1912....................	37	
Le 7 —	37	500
Le 8 —	37	800
Le 21 —	38	

Mlle M. C., toujours peu docile ne parvient pas à manger toute seule, l'appétit ne lui revient pas ; elle a encore des douleurs d'estomac, mais elle avoue qu'elles ont diminué. Nous en profitons pour lui proposer une alimentation plus substantielle, un beefsteack lui est présenté, mais elle a une peur atroce de tout aliment solide et ce n'est qu'en la menaçant de la sonde qu'on arrive à le lui faire manger. Des plaintes sans fin en résultent et Mlle M. G. prétend que les douleurs ont été réveillées aussi aigües qu'auparavant ; malgré nos soins et nos conseils elle se bute à cette idée et refuse pendant deux ou trois jours une partie des aliments qui lui sont présentés. C'est un véritable caprice au cours duquel elle fait preuve d'un entêtement indomptable.

Il en résulte une interruption dans la progression ascendante de son poids, jusqu'alors régulière.

De 38 kilogs qu'elle pèse le 21 février, elle diminue ne pesant plus

le 28 février que......................... 37 k. 500
le 2 mars................................. 37   700

Reprenant son régime de lait, d'œufs, purée de légumes, pâtes alimentaires, viandes rapées, elle augmente de nouveau.

Le   9 mars............................... 38 k.
Le 16 —   38   300
Le 23 —   38   950
Le 29 —   39

A mesure que son état général devient plus satisfaisant, l'état psychique de la malade restant le même, son caractère devient de plus en plus difficile.

L'alitement auquel elle a été condamnée pendant deux mois, a été remplacé par le repos au grand air, la malade allongée. Depuis plus d'un mois, on lui administe une douche tiède tous les jours, après laquelle on lui permet de marcher. Ces promenades de réaction seraient sans fin si on n'y veillait pas.

C'est dans cet état d'amélioration, mais non de guérison que la malade, le 2 avril 1912, au cours d'une visite de ses parents, demande à quitter la maison de santé et obtient de son père et de sa mère, malgré les vives remontrances et les avertissements pessimistes du médecin, d'être ramenée chez elle.

Elle pesait ce jour là 39 kil. 150 grammes. L'aménorrhée persistait.

Treize mois après, le 14 mai 1913, Mlle M. C... revient de son plein gré, s'isoler. Elle a continué, pendant plus d'un an, à ne se nourir que de lait et d'œfs, diminuant la quantité qui lui en était donné à son premier séjour dans la clinique. Elle a repris ses habitudes de dromomane, et revient pesant 26 k. 500.

Elle a toujours peur de, digérer, car elle souffre de son estomac. Ses règles n'ont jamais reparu. Remise au régime de 12 œufs par jour, dans deux litres de lait, Mlle M. C... a augmenté d'un kilog en huit jours.

14 mai............................ 26 kil. 500
21 mai............................ 27 kil. 500

Mais il est impossible d'augmenter encore son alimentation. Ses parents nous demandent de ne pas la tuber
et Mlle F. C. prétend être revenue pour voir « comme
autrefois les douleurs d'estomac diminuer, mais non
pas pour manger davantage ». Elle est complètement
buttée à cette idée. Œufs et lait sont supportés, mais
elle ne veut pas entendre parler de purées, de pâtes alimentaires ni de viande rapée.

Complètement désarmé devant l'obstination de la
malade et la faiblesse des parents, on avertit ceux-ci
qu'il est inutile de songer à une amélioration plus
complète dans de telles conditions.

Du reste, Mlle M. C... s'ennuie et veut retourner
chez elle. Ses parents viennent la reprendre le 10 juin,
pesant 28 kil. 200.

Tel est le cas d'une anorexique sujette non pas à
rechute, puisqu'elle n'a jamais guéri, mais faisant
de l'anorexie chronique par suite de son entêtement ac-
cru de la passivité de son entourage.

OBSERVATION XIV

Anorexie mentale secondaire à une psychose caractérisée. —
Phymatose consécutive. — Mort (Observation personnelle).

Mlle G..., 25 ans.

Antécédents héréditaires. — Le père interné dans un
asile d'aliénés y meurt. La mère est morte des suites de
couches.

Antécédents personnels. — Mlle G. qui a été une
jeune fille triste et inquiète, s'est toujours montrée très
émotive ; elle a vu, ayant 12 ans, mourir sa mère et
s'en est montrée violemment affectée. A 15 ans, elle voit
son père interné et reste seule avec une tante qui,
femme intelligente, n'est pas sans remarquer l'affecti-
vité exaltée de sa nièce.

A 16 ans, G. est réglée ; quelque temps après elle fait
la connaissance d'un jeune homme dont elle s'éprend
éperdument ; elle n'est pas payée de retour et l'indifférence qui lui est témoignée la plonge dans une profonde tristesse.

Chrchant dans la pratique de la religion une consolation à ses peines de cœur, G. devient d'une piété
bientôt excessive. Prises de remords pour sa conduite
passée, elle s'inflige des châtiments corporels et des
privations, restant des heures entières à genoux et ne
faisant que deux repas par jour ; d'abord supprimant

son petit déjeuner et son goûter, puis ou bout d'un an ne faisant plus qu'un repas quotidien. À ces idées d'indignité, vient se surajouter un délire de possession corporelle par le démon, délire qui semble avoir pour point de départ les douleurs d'estomac causées par la faim.

En effet, le délire cesse dès que la malade a pris son repas quotidien, pour recommencer quelques heures avant de s'alimenter.

Le médecin appelé auprès de G., lui ayant fait remarquer cette particularité, elle croit que le diable qui est en elle se nourrit de ce qu'elle mange et que si elle ne souffre pas après ses repas, c'est que le diable occupé lui-même à manger ne la tourmente plus. D'où, par déduction, la malade en arrive à refuser toute nourriture pour se débarrasser du diable en ne lui fournissant plus de quoi vivre dans son ventre. Pourtant, par périodes coïncidant avec des rémissions passagères de son délire, elle consent à prendre quelques aliments.

Mais à ce régime irrégulier et insuffisant la malade, s'abstenant complètement de nourriture pendant deux ou trois jours quelquefois, finit par tomber dans un état de maigreur extrême. Tantôt morne, triste et indifférente à tout ce qui l'entoure, tantôt très excitée, riant et pleurant sans raison, elle parvient petit à petit à un état d'inanition très avancé.

C'est dans ces conditions qu'elle est reçue dans la maison de santé où elle consent à demeurer.

G. mesure 1 mètre 70, et pèse 32 kil. L'auscultation

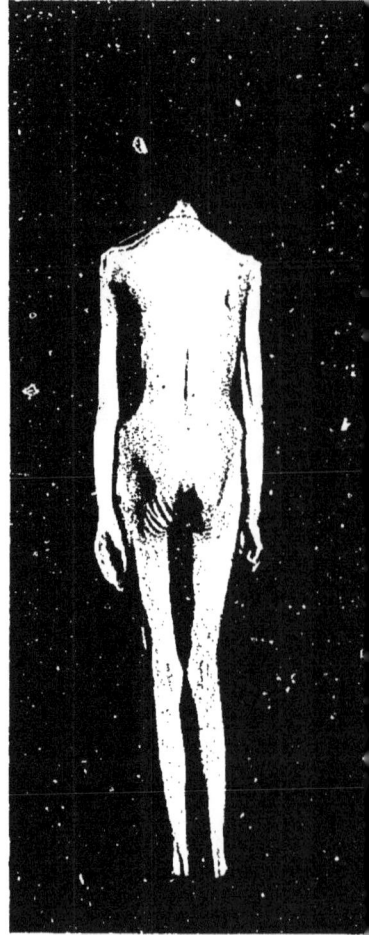

PLANCHES III et IV

Anorexie Mentale

Phymatose

OBSERVATION XIV

de son appareil pulmonaire très soigneusement pratiquée à l'annonce d'une grippe avec point pleurétique
gauche datant de deux mois, ne dévoile aucune espèce
de lésion. Nous l'avons photographiée à ce moment
(Planche III et IV).

En quinze jours, G. qui après avoir été très excitée
les premiers jours de son isolement, s'est beaucoup cal-
mée, a vu son poids augmenter de dix-huit cent grammes. Brusquement, le dix-huitième jour de son traitement, la malade est prise de frissons et d'un léger
point de côté à gauche. Elle se met aussitôt à tousser,
d'une toux sèche et quinteuse accompagnée d'expec-
toration franchement hémoptoïque et d'une élévation
considérable de la température, ordinairement plutôt
basse, passant de 35°1 à 39°5. Dans la nuit, G. manifeste
une grande gêne pour respirer et une dyspnée considérable s'en suit.

A la percussion, on trouve de la matité avec résistance au doigt aux deux sommets.

A l'auscultation, rudesse du murmure vésiculaire
très diminué des deux côtés et soufles sous-crépitants
à gauche.

Les jours suivants l'état semble rester d'abord stationnaire ; puis les signes physiques prennent, au sep-
tième jour, un caractère plus grave. Les râles sous-crépitants, remarquablement fixes, se sont généralisés. La
dyspnée est intense. Le pouls est fréquent, 110-120. La
malade complètement abattue vomit deux fois son lait
et a fait de la diarrhée. Le sixième jour, la température

qui avait présenté jusqu'alors de grandes oscillations
reste à peu près stationnaire pendant 24 heures (39°8,
40°5) et tombe dans la journée du dix-septième jour
à 35°6.

La malade meurt tout d'un coup, dans la nuit, en
se soulevant pour boire la tisane qu'elle venait de ré-
clamer.

OBSERVATION XV

Anorexie mentale. — Mort par Inanition (Observation personnelle)

Mr M., 26 ans.

Il s'agit d'un de nos camarades de lycée, devenu docteur ès sciences après de très brillantes études, au cours
desquelles il fit preuve de plus d'intelligence et surtout
d'originalité que de docilité et de travail.

Rien de particulier dans ses antécédents.

M. fut toujours considéré comme très original, remarquablement entêté et orgueilleux, intimement persuadé de sa supériorité.

Préparant à Paris un concours d'agrégation, il
s'éprit d'une jeune fille sans fortune, avec laquelle il
se maria précipitamment contre le gré de sa famille.

Déjà à cette occasion, il fit preuve devant ses parents
et amis d'une manie de la précipitation qui devait
ne faire que croître plus tard. Il consacra à peine quelques heures à la demande, aux démarches, aux prépara-

tifs et à la célébration de son mariage. Absorbé complètement par la préparation de son concours, il passait ses
journées à courir de conférences en bibliothèques et
retournait, toujours pressé, à son travail. Il prit
dès lors l'habitude de manger dans tous les coins
de rue, là où il se trouvait, chez n'importe quel mar-
chand de vins, dans n'importe quelle crèmerie, se donnant à peine le temps d'y absorber un potage et un
plat.

C'était encore trop compliqué pour lui et surtout trop
long. Pour aller plus vite il se mit au régime des huîtres, en absorbant une douzaine à chaque repas.

M. à ce régime maigrit considérablement en peu de
temps ; aux prières de sa femme qui ne pouvait plus
que l'entrevoir, tant son agitation était continuelle, il
reprochait que « le temps passé à table était du temps
perdu, qu'il n'était pas malade du tout, que son travail
intellectuel exigeait qu'il mangeât peu, que du reste tout
le monde mangeait beaucoup trop pour se bien porter
et qu'en fin de compte, manger n'était pas absolument
nécessaire comme les imbéciles de médecins voulaient
le prétendre ».

L'époque du concours arriva et trouva M. déjà trop
affaibli pour y prendre part. Un jour en rentrant d'une
conférence où il s'était évanoui, rapporté chez lui en
voiture, il avait été obligé de se coucher. Anéanti, c'est
dans son lit qu'il suivit de loin les différentes épreuves
du concours. « C'est du surmenage certainement, disait-
il, mais il est inutile que je mange plus qu'à l'ordinaire

pour 'me remettre d'aplomb, le repos y suffira. On mange toujours trop ! »

Et refusant obstinément de voir un médecin il resta à son régime d'huîtres. Il y avait longtemps qu'il n'avait plus d'appétit et très rarement il éprouvait le besoin de manger. « Restant couché, quatre huîtres par jour devaient lui suffire ».

Pourtant émue de cet état, la famille demanda à M. de retourner en Province. Le malade y consentit « pour prendre l'air ». Conduit à la campagne où l'éloignement du chemin de fer et la saison rendaient l'arrivage des huîtres difficile, sinon impossible, ces dernières furent remplacées par quatre œufs ; l'effet immédiat de ce changement fut plutôt heureux, M. reprit un peu de force et put d'abord faire quelques pas dans le parc de son château, mais bientôt repris d'agitation à mesure qu'il se fortifiait, il entreprit des promenades de plus en plus longues et arriva ainsi avec une volonté et une énergie incroyables, surmontant la fatigue et luttant contre tous les siens, à faire, par entraînement progressif, des marches de 12 et 14 kilomètres tous les jours ; mangeant pendant ce même temps quatre œufs et un demi litre de lait.

M. qui jusque-là n'avait été qu'entêté, devint caustique et méchant ; ne voulant plus voir personne en dehors des siens, il supportait à peine la présence de sa mère et de sa femme. Il voulut bientôt obliger cette dernière à mener la même existence que lui, prétendant que c'était idéal que de vivre « au grand air, en mangeant peu, on acquiert une puissance intellectuelle dont on ne se doute pas ».

Sa malheureuse femme pour ne pas l'irriter (il prenait des colères épouvantables lorsqu'il la voyait à table), devait se cacher pour manger.

Huit mois, cette vie dura.

Au milieu de l'hiver F. fut atteint de brochopneumonie. Il s'en releva aussi bien que possible, vu son état antérieur ; le médecin qui put enfin l'approcher pendant cette affection aigüe, voulut conseiller l'isolement dans une maison de santé. La femme et la mère de M. s'y refusèrent obstinément, elles le gardèrent ainsi pendant un an, avec des alternatives de mieux et de plus mal, toujours tangent à l'ina...
Pressées enfin, de toute part, de suivre les conseils des différents médecins appelés près de leur fils et mari, elles se décidèrent à le conduire dans une maison de santé où la présence du médecin produisit l'effet absolument opposé à celui qu'on en attendait. M. ne mangea plus du tout. On allait le reprendre dans la famille lorsque son état général empirant tout d'un coup, il mourut de cachexie au bout de cinq semaines d'isolement.

OBSERVATION XVI

Anorexie mentale. — Rechute. — Guérison
(Observation personnelle.)

Mme A. L. 24 ans.

Antécédents héréditaires. — Mère psychasthénique.

Antécédents personnels. — Scarlatine à 10 ans. Petite fille. Mme A. était chétive et délicate ; son très petit appétit incita son médecin à lui administrer tous les toniques, fortifiants et apéritifs possibles. C'est l'huile de foie de morue d'abord mal supportée, qui semble avoir sur son état général les meilleurs effets.

Vers l'âge de 13 ans, la santé de Mme A. s'améliora très nettement ; et jusqu'à 15 ans elle se porta très bien.

A cette époque quittant la pension où elle était élevée, Mme A. vécut dans sa famille et suivit des leçons dans un cours pour jeunes filles. L'influence de ce milieu, la fréquentation quotidienne de jeunes filles plus âgées qu'elle de trois et quatre ans lui fut funeste.

Mme A. devint coquette et prétentieuse. Se serrant dans son corset autant qu'elle le pouvait, elle ne se trouvait jamais assez mince ; la préoccupation d'avoir une jolie taille devint pour elle une véritable idée fixe. Massages, drogues tout fut mis à contribution. Elle acquit bientôt la conviction que le meilleur moyen de maigrir est de ne pas manger, elle commença par refuser certains mets, à se priver de tous les féculents et comme elle obtenait ainsi un résultat assez rapide, sa famille s'émut et voulut l'obliger à manger. Elle prit alors l'habitude de subtiliser une grande partie de ce qui lui était servi ; elle acquit à cette façon de faire une dextérité vraiment surprenante, nous eûmes l'occasion de l'apprécier plus tard. Tous les mouvements qu'elle faisait à table étaient un prétexte à faire disparaître le morceau prêt à être avalé. Les poches, le mouchoir, le corsage, cachettes bientôt découvertes ne suffisaient plus. Le chien et le chat, complices involontaires, avaient du être écartés de la table familiale. Mlle A. sous prétexte de fixer un peigne dans ses cheveux, y introduisait un morceau de viande ou une croûte de pain. L'intérieur des souliers bas dont elle avait la précaution de se chausser à l'heure de ses repas étaient transformé en véritable garde à manger.

Peu apte à lutter ouvertement contre l'autorité d'un père sévère, Mme A. usait de ruses et parvenait tout de même à ses fins ; sans maigrir autant qu'elle avait commencé à le faire tout d'abord, progressivement elle perdait chaque semaine quelques grammes. Au cours des interminables promenades auxquelles on l'autorisait, pensant toujours que le grand air lui ferait du bien, Mme A. se livrait à de quotidiens exercices de gymnastique. Elle avait même une méthode spéciale d'exercices physiques à laquelle elle se soumettait scrupuleusement, tous les matins, en faisant sa toilette.

C'est dans ces conditions qu'elle vécut pendant quatre ans. Elle se maria à vingt ans de son plein gré, heureuse de se soustraire à l'autorité de ses parents et faisant ainsi la joie de ces derniers, qui voyaient dans le mariage un véritable remède pour leur fille.

Mme A. n'avait jamais été réglée. La faiblesse d'un mari toujours prêt à satisfaire tous les caprices permit dès lors à Mme A. de donner libre cours à son obsession de la maigreur. Les effets de cette nouvelle liberté ne se firent point attendre. Mme A. maigrit encore d'une dizaine de kilogs en un an ; sa faiblesse, son teint terreux, l'entêtement dont elle faisait preuve, marchant toute la journée dans sa chambre comme dans la rue, décidèrent sa famille à l'isoler.

Le jour de son arrivée dans la maison de santé, le 16 octobre 1906, Mme A. qui mesurait 1 mètre 68 pesait 27 kilogs.

Soumise au régime des œufs et du lait, à l'alitement absolu, la malade prit dans la première semaine de son isolement douze cent grammes ; on eu le tort de le lui laisser constater. Toujours désireuse de ne pas engraisser, Mme A. jusqu'alors assez docile, se refusa à prendre tout ce qu'on lui présentait. Longuement entreprise sur l'inanité de sa façon d'agir et menacée d'être tubée, Mme A. sembla se soumettre. Elle demanda à ce qu'on l'a mit au régime ordinaire, prétextant son dégoût pour les œufs et le lait et promit de manger. Pendant six jours trompant toute surveillance, elle fit disparaître tout ce qu'on lui servait ; purées, viandes grillées, pâtes alimentaires disparaissaient dans des poches spéciales placées sous ses draps et son traversin et constituées par des sacs à éponge dont l'intérieur caout_ chouté permettait sans inconvénients, l'introduction de tous les aliments. Elles étaient ensuite vidées au water-closet.

A la pesée suivante, Mme A. avait perdu 800 grammes. Plus étroitement surveillée, son stratagème fut découvert. Remise au lait et aux œufs, elle engraissa de nouveau très régulièrement mais très lentement. Profitant de tous les instants où elle restait seule Mme

A. quittant son lit reprenait dans sa chambre ses exercices de gymnastique. On la surprit un jour en train
de soulever cinquante fois une chaise au-dessus de sa
tête. Un autre jour, s'étant emparé d'une brosse à parquets on la trouva occupée à astiquer le plancher de sa
chambre. Ne la quittant plus de façon à ne pas la laisser
se lever, la garde de Mme A. la vit la nuit, étant couchée, faisant des tractions sur ses bras en prenant appui
sur la barre de cuivre de son lit.

Pourtant son état s'améliorant, étant parvenue à
peser quarante kilogs. Mme A. fut autorisée à quitter
son lit, sa chambre et à rester couchée au grand air.
L'immobilité dans ces conditions fut bien difficile à
obtenir.

Après un séjour de sept mois dans la clinique, Mme
A. rappelée par l'état de santé de sa mère, retourna dans
sa famille.

Elle pesait alors 47 kilogs 200.

Ses règles n'avaient pas encore apparu.

Un an plus tard, Mme A. nous fut ramenée presque aussi maigre que la première fois. Ayant repris
ses habitudes de dromomane et son alimentation réduite toujours dans la peur d'engraisser, elle avait
perdu un kilog. par mois en moyenne.

Le jour de son arrivée elle pesait le 26 juin 1908,
35 k. 500. Remise au régime des œufs et du lait, au bout
de trois jours prenant dix-huit œufs et trois litres de
lait elle augmenta dans les proportions suivantes.

2 juillet..........................	36 k.	400
9 —	37	800
16 —	38	
23 —	39	200
30 —	41	
6 août..........................	42	500
13 —	43	
20 —	43	400
27 —	44	800
3 septembre......................	45	
9 —	45	500
16 —	46	
23 —	47	
30 —	49	
6 octobre........................	51	400
13 —	53	300
20 —	55	
27 —	56	
1er novembre.....................	56	500
8 —	57	
15 —	57	
22 —	58	
29 —	58	200
6 décembre.......................	58	800
13 —	59	
20 —	59	300
27 —	59	100
3 janvier 1909...................	59	500
10 —	59	200
17 —	59	
24 —	59	200
31 —	59	
7 février 1909...................	59	300

L'augmentation de poids fut comme on le voit régulière, rapide et considérable. Beaucoup plus docile pendant ce second séjour, Mme A. faisait régulièrement cinq repas par jour et fut dès la fin du mois de juillet 1908 mise au régime ordinaire suivant :

Le matin petit déjeuner à 8 heures, composé d'un demi-litre de lait contenant six jaunes d'œufs et du racahout.

A onze heures, déjeuner composé d'une soupe, d'un plat de viande, d'un plat de légumes, d'un dessert et d'une grande assiettée de farine d'avoine différemment parfumée.

A trois heures, goûter : un demi-litre de lait avec six jaunes d'œufs, ou bien un flan de la même teneur.

A six heures, dîner : soupe, viande rôtie, purée de légumes, laitage ; comme le matin, farine d'avoine.

A neuf heures, un bol de lait avec du racahout ou du riz.

Les premiers jours, le fonctionnement de l'intestin laissa à désirer ; une constipation opiniâtre ne cédait qu'aux lavements médicamenteux quotidiens et bi-quotidiens.

Mme A. habituait ainsi son intestin à des quantités considérables de liquide ; l'atonie qui devait s'en suivre ne fut pas la seule cause de la suppression radicale des lavements.

La malade, trompant la surveillance s'administrait dès qu'elle était seule avec n'importe quelle eau un lavage de l'intestin aussi abondant que possible. Il fallut lui supprimer toute sorte d'irrigateur et d'injecteur.

Ce fut là, avec le désir de marcher et de s'agiter, ses seuls caprices pendant son second séjour.

Un verre d'eau minérale purgative (Carabana, Hunyadi-Janos), fut administré tous les matins.

Aux premiers jours de janvier les règles de Mme A. avaient enfin fait leur apparition.

Un mois plus tard, quittant la clinique, nous la considérions comme presque sûrement guérie. L'avenir devait nous donner raison.

Mme A. a eu depuis 1909 deux enfants qui jouissent d'une bonne santé.

Nous eûmes dernièrement l'occasion de revoir Mme A. dans la ville où elle habite. Rencontrée dans la rue, l'air très affairée, elle marchait vivement, comme autrefois à l'époque de ses exercices de gymnastique. D'abord inquiet nous fûmes rassurés par Mme A. qui nous avoua s'agiter toujours beaucoup, mais jouir d'un excellent appétit. Elle n'a pas maigri depuis février 1909, mais elle ne veut pas engraisser davantage. « Cela jamais, c'est suffisant ! »

VII. — PATHOGÉNIE

La plupart des auteurs qui se sont intéressés à la question de l'anorexie mentale en ont fait tout d'abord une manifestation hystérique purement et simplement.

Depuis, bien des hypothèses ont pu être édifiées à la suite de nombreuses observations relevées, et des traitements spéciaux mis en vigueur contre l'anorexie.

Nous citerons celles qui ont semblé retenir le plus longtemps l'attention pour en arriver aux théories tout dernièrement émises.

Caryophilis invoque une perversion de la volition, sorte d'inhibition qu'exerce la conscience capricieuse du malade sur son centre psychique cortical et en empêchant le fonctionnement.

Sollier, se basant sur l'évolution de la maladie, sur l'état mental qui accompagne l'anorexie, sur l'influence du moral et de la volonté dans la disparition des accidents, sur ses recherches sur le rôle de la sensibilité de l'estomac dans la digestion et ses rapports avec le système vaso-moteur, est tenté de regarder l'anorexie mentale comme un trouble d'origine centrale ayant son point de départ dans un développement normal du système nerveux de la vie organique, épuisé spontanément à un moment donné, sans

autre cause que d'être incapable par usure, comme
chez un vieillard, de fournir à un fonctionnement plus
complet et plus long ou, plus faible qu'un autre,
épuisé par une cause banale pour un système nerveux normal, mais contre laquelle il est impuissant
à réagir. L'anorexie serait due à une sorte de vice de
développement général revêtant seulement, à un moment donné, l'aspect d'une affection gastrique qui en
masque la véritable nature (Observations VI, XIII).

Régis, immédiatement après lui, émet la théorie
suivante : L'anorexie provoquée ou non est essentiellement liée à un trouble d'origine gastrique et à cette
atonie générale, à cet épuisement de l'organisme qui
est la conséquence de la phase de développement
qu'est la puberté ; c'est une manifestation de l'état
neurasthénique d'ordre spécial, d'évolution ou de développement, du genre des névroses de développement des anglais (developmental neuroses) (Observations, II, III, IV, V, VI, VII, XIII).

Faisant suite à son étude psycho-physiologique de
la faim, Joanny Roux reconnaît à l'anorexie une double pathogénie : soit un état morbide des éléments
anatomiques qui se refusent à l'assimilation des matériaux nutritifs, probablement parce que ceux-ci
sont mélangés de substances toxiques nuisibles (infection, auto-intoxication), soit une altération des voies
digestives qui provoque la suppression de la sensation
de faim, par le même mécanisme que l'ingestion des

substances inertes, c'est-à-dire par un phénomène d'inhibition.

Joanny Roux mentionne aussi un troisième mécanisme : la suppression de la sensation de la faim par une idée fixe, par un processus mental. « C'est du moins l'explication généralement admise pour l'anorexie hystérique », dit-il, confondant anorexie mentale et anorexie hystérique. « A côté de l'idée de manger, provoquée normalement par la sensation de la faim, se dresse dans le cerveau de l'hystérique l'idée de ne pas manger, de ne pas avoir faim : cette dernière l'emporte et l'idée de manger avec la sensation de la faim reste dans l'inconscient. C'est par un mécanisme analogue que la sensation de la faim peut être supprimée par les grandes émotions ».

« Dans l'hystérie le trouble psychique repose toujours sur un substratum vaso-moteur et cénesthésique qui commande le processus psychasthénique », dit Buvat.

Kamal, à la suite du professeur Weil, émet l'hypothèse d'une insuffisance ovarienne. C'est la sécrétion du corps jaune qui fait défaut ; la morphologie du corps des malades et la suspension de leurs menstrues paraissent, en effet, assez significatives ; elles le sont d'autant plus que les malades atteintes d'anorexie mentale changent de caractère, cessent d'être coquettes, plus que cela, elles sont indignes de vivre (Observations V, XIV). On sait que la sécrétion interne de l'ovaire règle les menstrues, a sous sa dépendance la morphogénie extérieure des jeunes filles, elle fait naître en elles des caractères sexuels.

En outre, quand la sécrétion de l'ovaire manque il y a diminution des combustions, ainsi que des produits de désassimilation. Les urines claires de ces malades peuvent être ainsi expliquées et il n'est pas besoin d'invoquer l'hystérie pour expliquer la conservation des forces des anorexiques mentaux au début, malgré leur dénutrition. Mais Kamal n'a pas essayé le traitement opothérapique. La psychothérapie et « une alimentation bien comprise doivent venir à bout de l'état mental et apporter les éléments nécesaires à l'organisme malade », écrit-il.

Tarrius, qui semble avoir admis la même hypothèse, a usé de l'opothérapie thyroïdienne (Observation VII) et, a obtenu une guérison extrêmement rapide.

Il nous semble qu'il y ait, à ce point de vue, des essais thérapeutiques à faire qui pourraient offrir, dans bon nombre de cas, des résultats très satisfaisants, car si la suralimentation, généralement préconisée dans le traitemet de l'anorexie mentale, suffit souvent à amener, avec le concours de la psychothérapie, la guérison, bien des cas sont demeurés rebelles dans lesquels des phénomènes d'intoxications endocriniennes avaient été constatés et qui, peut-être, auraient cédé à un traitement opothérapique. Nous regrettons vivement que notre champ d'action, trop restreint, ne nous ait pas permis de rapporter, ici même, les résultats thérapeutiques que nous osons entrevoir.

Schnyder, se rapprochant de l'hypothèse de Régis, donne une part importante dans la pathogénie, aux changements qui se produisent dans l'organisme au moment de la puberté (activité des glandes génitales et des glandes à sécrétion interne). Il admet la présence dans le sang de principes susceptibles d'exercer une influence sur les fonctions cérébrales (troubles vasomoteurs, hyperémies de la convexité) ; mais il veut faire intervenir aussi, à côté de ces causes physiologiques, les causes psychiques qui déterminent les anorexies mentales.

Voilà qui nous rapproche considérablement des théories physiologiques que nous avons exposé plus haut sur l'origine de la faim.

VIII. — ÉTIOLOGIE.

Causes prédisposantes.

L'élément psychique qui domine l'étiologie de l'anorexie mentale peut se développer quelquefois à la faveur d'une hérédité mentale, hystérique ou gastrique.

On peut retrouver chez les ascendants des anorexiques quelque tare nerveuse ou mentale essentiellement héréditaire telle que tics, obsessions, hypocon-

drie, alcoolisme, nervosisme (Observations V, VI,
VIII, XI, XIII). Cette hérédité se manifeste, dès l'enfance, par un caractère spécial. Les jeunes filles
anorexiques à hérédité névropathique sont trop sé-
rieuses, n'ont pas les goûts des enfants de leur âge,
aiment les distractions tranquilles, la solitude, fuient
les exercices et les plaisirs qui exigent de l'entrain,
du mouvement (Observation XIII). Elles ont quelquefois des idées mystiques (Observation XIV), sont
minutieuses et soigneuses à l'excès.

Il ne faut pourtant pas, à notre avis, accorder,
comme il a été fait quelquefois, une place trop importante au rôle, tout à fait inconstant du reste, que joue
l'hérédité dans l'étiologie de l'anorexie mentale. Bon
nombre d'anorexiques n'ont aucune tare névropathique dans leurs antécédents (Observations II, III,
IV, VI, XV). Inversement d'autres malades et prin-
cipalement des enfants en bas âge, des nourrissons,
présentant une hérédité névropathique, ont été éti-
quettés, sur cette seule considération, à tort nous
semble-t-il, anorexiques mentaux. Indifféremment,
mentale ou nerveuse, à notre avis, cette tare se retrouve surtout dans les antécédents des malades chez
lesquels l'anorexie vient se surajouter à un état mental déjà bien constitué et qui ne deviennent anorexiques qu'après avoir été phobiques ou obsédès.

Bien plus importante nous paraît être l'influence de
la puberté sur le développement de l'anorexie. L'état
d'infériorité physique, d'atonie générale, dans lequel

se trouve l'adolescent, au moment de sa transformation
sexuelle, semble constituer un terrain de choix pour
l'éclosion de l'anorexie mentale. De la symptòmato-
logie de cette affection il est facile d'isoler les principales manifestations morbides qui président à cette
phase de développement. On les retrouve dans toutes les observations. Et quelque soit la raison donnée par la malade, raison que nous signalerons plus
loin, pour ne pas manger, idée fixe, obsession ou
phobie, c'est presque toujours un des phénomènes
de leur transformation sexuelle qui la leur aura dé-
terminée (Observations II, III, IV, V, VI, VII, XI,
XIII).

Causes déterminantes.

L'inappétence peut avoir une origine émotive, et les
cas en sont nombreux ; deuils, chagrins d'amour, ma-
riages manqués sont l'origine purement émotive des
anorexies mentales les plus caractérisées (Observations II, XIV). Dans d'autres cas, au début, la restriction alimentaire est voulue et raisonnée, souvent
c'est la coquetterie qui est en jeu (Observation XVI),
le mysticisme (Observations II, III, IV, V, VI, VII,
XII, XIV) et le jeûne régulier qui en découle est
responsable de bon nombre de cas d'anorexie mentale (Deniau, Debove, Gilles de la Tourette). L'imi-
tation peut jouer aussi un certain rôle lorsqu'il
existe dans l'entourage quelque personne atteinte de
troubles gastriques névropathiques ou non (Bouveret).

Dans d'autre cas il y a une sorte d'auto-suggestion par suite de l'attention qui est attirée sur la digestion soit par la malade, soit par son entourage (Sollier).

Le D' Bérillon invoque l'influence des réflexions d'un médecin engageant une mère à restreindre l'alimentation de sa fille « si elle ne veut pas la voir bientôt comme une tour » ; c'est à peu près le même cas que celui de II... (Observation XII)., à laquelle on dit qu'elle « va devenir aussi grosse que sa mère ».

Enfin, l'avarice ; certains sujets regretteraient les dépenses faites pour leur alimentation.

Les régimes, une thérapeutique médicale malencontreuse sont souvent à la base de tels états (Déjerine et Gauckler).

« Quoiqu'il en soit, cette anorexie, provoquée ou non par un motif apparent, est essentiellement liée à un trouble gastrique fonctionnel ou plutôt à la perte de la fonction gastrique. Les malades n'éprouvent plus la sensation de la faim et c'est très sincèrement qu'elles affirment qu'elles n'ont plus aucun désir de manger, qu'elles ne peuvent pas, que la nourriture les dégoûte et leur fait mal, qu'elles sont obligées de se forcer pour prendre quelque chose.

Sollier distingue trois grandes catégories de psychopathies gastriques avec diverses variétés. Nous croyons devoir rapporter ici ces distinctions étiologiques qui semblent comprendre tous les cas entrant dans le cadre de notre étude.

1° Par *idée fixe* : obsession d'une maladie de l'estomac (Observation XIII), désir de se rendre malade, de mourir, ennui de la vie, obsession de la maigreur (Observation XVI).

2° Par *phobie* : peur d'engraisser (Observation XVI), peur d'étouffer en avalant, peur de congestion pendant la digestion, peur de douleurs stomacales (Observation XIII) ou intestinales, peur d'indigestion, peur de ralentir l'activité physique ou intellectuelle (Observation XV).

3° Par *inhibition* : de *cause physique* : irrégularités ou arrêts accidentels de la fonction digestive, insuffisance de l'alimentation (régimes réduits), arrêt d'évolution à l'adolescence ; de *cause morale*, émotions continues ou répétées, passions contenues.

Sexe. — L'anorexie mentale se développe en général chez le sexe féminin (Bérillon, Déjerine et Gauckler, Lasègue, Debove, Sollier).

D'autres auteurs (G. Ballet, Kamal, Weill) veulent y voir une affection exclusivement féminine malgré les observations de Caryophilis et de Blum et notre observation XV.

Age. — Observée surtout dans le jeune âge l'anorexie mentale a été observée chez un enfant de 20 mois par Comby et chez des femmes de 32 et 38 ans (Lasègue).

C'est entre 10 et 20 ans et plus spécialement pendant la période de puberté que l'anorexie mentale est la plus fréquente.

Un nombre considérable d'observations ont été publiées concernant des enfants en bas âge et des nourrissons dont on a fait des anorexiques mentaux (Observation X). Nous sommes à nous demander quel est l'état psychique qui a pu être observé à cet âge là. Si on s'est uniquement basé sur l'hérédité névropathique chez ces sujets (ce qui n'est pas même le cas de l'observation que nous rapportons) pour en faire des mentaux, bien des raisons pouvaient, à notre avis, impliquer un diagnostic différent.

Seltmann dit à ce sujet : « L'anorexie dyspeptique qui se présente avec les symptômes et les suites d'une maladie des organes digestifs est excessivement fréquente dans le bas âge et surtout, entre deux et sept ans, chez les enfants défectueusement nourris, mal habitués, trop gâtés, précisément des meilleures classes de la société. Rare au contraire est l'anorexie nerveuse qui, elle se présente avec l'aspect d'une névrose toute spéciale et particulière en l'absence d'aucune maladie organique indicatrice, chez les enfants chargés d'une hérédité névropathique ».

Mais Seltmann publie, à la suite, l'observation d'une fillette de 12 ans, rappelant la malade de Kissel qui avait 11 ans et celle de Schmidt qui en avait 13. Ce n'est pas le cas du petit malade du Dr Buffet-Delmas qui brusquement à vingt-deux mois refuse toute alimentation, le litre de lait, l'eau et le pain qu'il absorbe quotidiennement ; mais qui, quelques temps après, dans son bain, se précipite sur son éponge imbi-

bée d'eau boit évidemment et à partir de ce jour ne
prend plus rien qu'avec son éponge. Cet enfant continue a avoir faim, puisqu'il accepte certains aliments
présentés de façon particulière. Il semble surtout refuser un genre d'alimentation auquel il était habitué et
qui lui a déplu tout d'un coup, sous une influence purement extérieure, brûlure, morsure ou trouble de la
déglutition.

IX. — Symptômes

Le tableau clinique de l'anorexie mentale peut être
divisé en trois périodes :
1° La période de début ou d'installation ;
2° La période d'état ;
3° La période terminale.

Période de Début

Symptômes fonctionnels et généraux. — Evolution.

L'anorexie mentale a une évolution très lente ; cette
période de début est longue et sournoise, on ne sait
jamais au juste quand elle commence. Tout au plus
s'aperçoit-on qu'une jeune fille ou bien une jeune
femme mange moins qu'à l'ordinaire ou perde son
appétit : on n'y fait pas attention, tellement le fait est
banal. Mais cette perte d'appétit à ceci de particulier,
c'est qu'elle va en s'accentuant.

Volontairemeant ou involontairement la jeune fille réduit sa nourriture, n'a plus envie de demander un mets préféré et ceci sans aucune cause apparenie.

Si c'est volontairement que la jeune fille a réduit son alimentation, par coquetterie, par exemple, elle ne tardera pas à devenir l'esclave de son caprice (Observations II, III, IV, V, VI, VII, XII, XVI). Elle tombe ainsi dans un cercle vicieux : plus elle diminue sa ration alimentaire plus elle augmente son anorexie et au bout de quelque temps, l'anorexie bien installée, la malade oubliera petit à petit la cause qui l'a engagée à réduire ainsi ses aliments.

Cette réduction d'aliments est tantôt quantitative, tantôt qualitative. C'est la viande par exemple qui n'est pas touchée ; le pain le sera de même à son tour, et c'est ainsi que la jeune fille arrive à éliminer systématiquement : viande, pain, légumes. Elle ne s'alimente plus maintenant que de quelques friandises : gâteaux ou confitures, fruits ou quelques tasses de café au lait car ce sont les douceurs qui réveilleront en dernier lieu chez la patiente, l'idée de manger.

On pense bien que cette aberration sera davantage exagérée, si un médecin consulté croyant avoir affaire à une dyspeptique ordinaire ordonne un régime sévère. Une gastrite ou une entérite peut paraître alors créée de toutes pièces.

Il n'en est rien pourtant ; la malade ne souffre plus, ne ressent pas de douleur abdominale. L'ingestion d'aliments même ne lui cause aucun malaise;

elle n'a pas de douleur, spontanée ou provoquée : la
pression à l'épigastre n'est pas douloureuse. Mais
il peut arriver que l'on dénote une gastralgie et le
médecin sera le premier tenté à la rattacher à une
lésion organique.

La malade elle-même ne se sent pas malade et ne
comprend pas pourquoi on la soigne (observation
XV).

La ration alimentaire diminuant, les parents sont
là pour lui varier les mets et pour la supplier de
manger davantage : Elle se rappelle à peine de l'heure du dîner : il faut l'inviter à se mettre à table et
c'est une véritable corvée qu'on lui impose là.

Elle y arrive d'abord, mettant toute sa bonne volonté, en cédant aux instances de ses parents.

Une fois à table, elle s'entend dire de tous les côtés qu'il faut manger. Elle veut bien, mais elle n'a
pas faim.

Sollicitée à toucher aux aliments qu'on lui offre,
elle cherche le plus petit morceau, il est encore trop
gros et demande qu'on lui en coupe de plus petit.

Cette docilité de l'anorexique au début fait défaut
quelquefois, et, en tous cas, son bon vouloir n'est pas
de longue durée et dégénère bientôt en impatience ;
Agacée et ennuyée, elle va se révolter contre cette
atmosphère si fatigante ; elle va être catégorique
dans son refus (Observations II, IX). « A ce moment
l'anorexique ne veut pas manger parce qu'elle ne veut
pas. Elle a dit qu'elle ne veut pas manger et quand

elle a dit une chose, elle la fait et fait bien ce qu'elle
fait (Sollier). »

C'est l'éclosion de l'idée fixe restée jusqu'ici latente (Observations IV, V, XII).

A ce moment « les malades loin de s'affaiblir, dit
Lasègue et de s'attrister déploient une façon d'ala-
crité qui ne leur était pas habituelle ».

Elles ne sont pas du tout hypocondriaques comme
auraient voulu le soutenir Doutrebente et Charpen-
tier, au Congrès de Bordeaux en 1905.

Agiles, pas du tout paresseuses, bien au contraire,
elles se livrent à des exercices physiques rigoureux.
Elles jouent au tennis, font de la bicyclette, du cheval et surtout marchent d'une façon inconsidérée.
C'est presque l'exercice auquel se livre les malades
atteints d'automatisme ambulatoire, même obstination dans la façon de prolonger leurs promenades,
sans autre but que de faire des kilomètres.

Bien des auteurs ont signalé ce besoin de mouvement. Pour notre part nous l'avons observé chez
tous nos malades (Observations II, III, IV, V, VIII,
IX X, XI, XII, XIII, XV, XVI).

Cette obstination à vouloir faire de l'exercice, se
prolonge même au moment où les phénomènes d'inanition ont fait leur apparition. Nous avons vu mourir de cachexie un de nos camarades atteint d'anorexie mentale, qui, s'étant nourri pendant vingt-sept
mois avec quatre huîtres ou deux œufs par jour,
avait fait, pendant le même temps, une marche quo-

tidienne qui, dans la période de début, avait été de
cinq à six kilomètres, augmentée proportionnelle-
ment jusqu'à 16 et 18, et cela pendant des semaines,
avait été pratiquée, jusqu'à quelques jours de la mort
survenue dans une maison de santé ou il n'avait
voulu s'isoler que trop tard (Observation XV).

Le manque d'appétit seul exaspère les parents des
malades qui laissent s'agiter l'anorexique dans l'es-
poir de lui voir recouvrer son appétit par l'exercice
au grand air et lorsque on s'aperçoit que c'est l'effet
contraire qui est obtenu, il n'est déjà plus temps d'y
remédier (Observations II, XVI).

Si on fait observer à l'anorexique le danger qu'il
y a à s'alimenter d'une façon insuffisante, elle répond
qu'elle ne s'est jamais mieux portée et que, puisqu'elle vit aussi bien en mangeant aussi peu, elle le
reconnait, elle ne comprend pas qu'on la force à
s'alimenter davantage (Observation XV). C'est un
effort inutile qu'on lui demande. Pour elle le proverbe : il faut vivre pour manger, perd à ses yeux,
tout son sens et, petit à petit, la notion de manger
n'existe plus pour elle. La perversion mentale se
dessine : « l'inhibition du phénomène psychique que
constitue l'appétit s'accompagnant de l'inhibition du
phénomène physique qu'est la faim organique, l'anorexie mentale se trouve constituée (Dejerine et Gauckler).

Signes physiques de la première période

A part son anorexie, la malade est absolument normale.

L'examen des organes ne dénote absolument rien de particulier.

Rien à l'estomac, rien aux intestins, rien au foie.

L'estomac est normal à la palpation et plutôt rétracté que dilaté.

Pas de clapotement.

Sollier a observé une légère diminution de la sensibilité cutanée au niveau du creux épigastrique et d'autre part quelques tiraillements ou brûlures d'estomac.

L'auscultation des poumons ne décèle aucune lésion ; ils sont complètement sains dans l'anorexie mentale primitive.

Le teint est encore bon, la langue nette et fraîche, la soif nulle, le sommeil régulier dans ces premiers temps.

On peut dès lors constater une constipation très tenace, un peu d'atonie intestinale sans beaucoup de météorisme. Les urines peu abondantes sont seulement chargées.

C'est à ce moment là que s'observe une poussée de croissance vraiment anormale (Observation XIII), la jeune fille grandit de plusieurs centimètres en quelques semaines, et cette transformation qui ne lui échappe pas, en outre de l'affaiblissement général qu'elle provoque, entre pour une bonne part dans cette « révolte de l'enfant qui disparait devant la femme qui commence » signalée par Régis.

C'est la « période gastrique », de Janet, parce que, le plus souvent, on croit avoir affaire à une dyspeptique ordinaire que l'on essaie de guérir comme telle par les régimes.

Les modifications du chimisme stomacal ont été étudiées dès cette période et se sont bornées à de l'hypochlorhydrie (Déjerine) s'expliquant par le travail très réduit auquel est soumis l'estomac de l'anorexique vu le faible apport alimentaire qui lui est fait.

Période d'état.

Symptômes généraux. — C'est pour Janet « la période de lutte ». La malade ne veut plus paraître à table ; elle rejette complètement toute alimentation. Rien ne lui fait mal pourtant, elle ne souffre nulle part. Elle ne rejette pas les médicaments que l'on lui donne.

« La jeune fille semble comprendre que la moindre concession, de sa part, la ferait passer de l'état de malade à celui d'enfant capricieux et jamais elle n'y consentira » (Brissaud).

A cette période l'anorexique peut rester gaie, se complaisant dans son état, présentant une quiétude

ou un conscniement vraiment pathologique. C'est
ainsi dans la majorité des cas (Ballet, Debove, Laporte).

Dans les cas où la restriction alimentaire n'est pas
d'emblée succédant à une fausse gastropathie, les
malades s'insurgent d'abord et font facilement de la
grande émotion dès qu'on veut les faire manger (Déjerine). Elles s'affectent peut-être de leur état physique, mais pas suffisamment pour s'employer à y remédier. Les phobies alimentaires s'installent sans
présenter d'autres troubles intellectuels qu'un défaut
d'attention, une diminution légère de la mémoire, de
la difficulté à lire, à écrire.

« La famille n'a à son service que deux moyens,
qu'elle épuise toujours : prier ou menacer. Plus la
sollicitude s'accroît, plus l'appétit diminue . »

« L'excès d'insistance appelle l'excès de résistance » (Lasègue).

Signes fonctionnels.

Petit à petit les exercices, les marches deviennent
pénibles. La malade se couche volontiers, mais se
cache pour le faire. Elle ne veut pas avouer que les
forces générales diminuent et sous prétexte de travail
à l'intérieur reste confinée chez elle, incapable d'aucun effort, d'aucune activité un peu suivie.

« A cette torpeur de la fonction digestive se joint
le plus souvent une torpeur analogue de toutes les

autres fonctions, aussi bien mentales que physiques.
L'activité est réduite à son minimum. On dirait que
tout l'organisme épuisé sommeille (Régis).

Signes physiques.

On constate des symptômes inquiétants d'inanition.

L'aspect de la malade devient peu à peu impres-
sionnant. « Les yeux sont saillants, les pommettes
semblent percer les joues, celles-ci sont excavées, sur
la paroi thoracique pendent des seins flétris, toutes
les côtes font relief. Les omoplates semblent se déta-
cher du squelette. Chacune des apophyses épineuses
se dessine sous la peau. La paroi abdominale rentrée
accuse le relief des fausses-côtes et dessine le contour du bassin. Les cuisses et les mollets sont réduits
au squelette. On dirait le tableau d'une emmurée, tel
que nous l'ont transmis les maîtres de la peinture.
Ces femmes paraissent avoir cinquante ou soixante
ans. Tantôt elles semblent se soutenir on ne sait par
quel miracle d'énergie, leur voix est forte, leur démarche assurée. Tantôt, au contraire, elles semblent
presque à l'agonie et prêtes à rendre leur dernier
souffle.

Ces femmes qui paraissent si vieilles sont des
jeunes filles, des adolescentes, parfois des enfants.
Ce sont des anorexiques mentales qui, sans lésion, par
l'association de troubles variés ayant une origine

psychique ont perdu le quart, le tiers, parfois jusqu'à la moitié de leur poids (Déjerine et Gauckler).

La malade présente des troubles de la circulation, elle a des bouffées de chaleur, surtout dès qu'elle a mangé, les pommettes sont rouges, les mains sont froides et cyanosées donnant, au toucher, une impression de froid humide, les ongles sont bleus ou violets (Observations II, IV, VIII) ; des troubles intestinaux, la langue est saburrale et recouverte d'un enduit blanchâtre, l'haleine dégage une forte odeur d'acétone ; la malade n'a pas soif, mais a une constipation de plus en plus marquée (Observations II, III, IV, VII, XIII, XVI) ; son estomac est intolérant et douloureux. Les urines sont diminuées ou épaisses, elles contiennent peu d'urée et de chlorure, on peut y trouver de l'acétone et de l'acide diacétique (Lorenz et Von Noorden).

Les règles sont suspendues (Observations II, III, IV, VI, VII, VIII, IX, XI XIII). Cette aménorrhée est est un phénomène important. Ce n'est pas la faiblesse de la malade qui la provoque, car souvent elle est contemporaine ou précède même (Observation XVI) l'anorexie constituée (Gilbert Ballet).

Il n'y a pas diminution de la richesse du sang en hémoglobine ou en globules (Mathieu et Roux). L'examen du sang ne dénote pas d'anémie, il y a seulement une diminution de la masse du sang. Nobécourt et Merklen ont même constaté une polyglobulie légère marchant de pair avec la cyanose et la déshydratation

des tissus. C'est pourquoi, chez la plupart des malades, les muqueuses sont peu décolorées. Le foie est
petit, l'estomac dilaté.

Période terminale.

A cette période ultime de l'anorexie mentale, la malade a déjà dépensé tout ce qu'elle a pu ; de vive,
qu'elle était, elle devient abattue, alanguie. Son aspect
est morne, triste, tout à fait sans expression, « faisant
songer tout d'abord à un état mélancolique, mais ne
répondant à aucune idée délirante ni même fausse »
(Régis).

Les fonctions psychiques diminuent progresivement.
La malade, qui garde le lit, parle avec peine, ne peut
plus lire ni écrire, tout effort intellectuel est douloureux. L'apathie morale est aussi grande que l'inertie
intellectuelle ; rien ne l'intéresse, ne l'amuse, elle s'occupe d'une façon automatique et monotone, sans volonté et initiative. Tout la laisse indifférente. La perspective même qu'on lui fait entrevoir, pour la déterminer à manger, de la mort ou de la chronicité de son
son état, la laisse incrédule et elle est incapable de réagir. Toutes ses préoccupations gravitent uniquement
autour de la question de son alimentation.

Le cercle de ses idées se réduit ainsi de plus en plus.
Le caractère devient irritable, et obstiné dès qu'il
s'agit de manger, triste jusqu'au désespoir, dans certains cas, surtout lorsque la malade, complétement

retirée de la vie active, se rend compte de la gravité de son état et de son impuissance à l'améliorer. C'est alors que, voyant venir leur fin, elles veulent parfois se reprendre, tentent de réagir, accusant leur entourage de les avoir laissées dépérir par degrés sans user d'autorité et de force, véritable révolte de la nature en face de la mort (Régis) (Observations VI, XV).

Les signes physiques s'accentuent. La consomption a fait son œuvre. Le facies est terreux, le regard fixe semble appeler la mort. Le corps n'est plus qu'un squelette, les bras décharnés s'élèvent à peine sur le plan du lit. La glande mammaire, dans la plupart des cas, a disparu. L'abdomen, retracté en bateau, a perdu son élasticité ; on arrive par la pression à toucher la colonne vertébrale.

Les jambes, qui présentent quelquefois de l'œdème, sont incapables de supporter la malade.

La garde ou l'infirmier, qui sont appelés à donner à ce moment leurs soins à ces anorexiques, sont impressionnés par le contact du corps de ces malades et ne peuvent s'empêcher d'avoir de l'appréhension de leur casser *quelque chose* en les aidant à se retourner dans leur lit.

Les sécrétions sont diminuées.

L'urine rare, claire, avec peu d'urée (Debove), ne présente ni sucre, ni albumine.

La peau est sèche, rugueuse, pulvérente (Observations II. III, IV. V. IX).

Les extrémités sont froides et violacées.

On constate la chute des cheveux (Comby).

La respiration est courte, bruyante, l'expiration froide, l'haleine fétide.

La langue est sèche.

La parole faible et agonisante (Observation XIII).

Le pouls, petit et faible de ralenti qu'il était, est devenu tachycardique; de 50 à 55 pulsations à la minute, il est passé, filant et rapide, à 100 et 120 (Observation XIV).

La température centrale est abaissée au-dessous de 37° et même de 36°. La température périphérique l'est encore davantage.

A ce moment les malades ne vivent presque plus, elles sont dans un état semi-comateux.

« L'amaigrissement atteint des proportions extravagantes; les malades ne sont plus, sans amplification, que des squelettes vivants. Et de quelle vie ! La torpeur cérébrale a succédé à l'agitation factice du début : depuis longtemps la marche et la station debout sont devenues impossibles; les malades sont confinées au lit où elles peuvent à peine se mouvoir ; les muscles du cou sont paralysés ; la tête roule comme une masse inerte sur l'oreiller, les extrémités sont froides, cyanosées ; on se demande comment la vie peut subsister au milieu d'un pareil délabrement.

« Depuis longtemps déjà les parents se sont alarmés ; mais l'alarme est au plus haut degré lorsque les choses en sont venues à ce point: elle est, du reste, bien justifiée, car la terminaison fatale est là, menaçante et je connais, pour ma part, au moins quatre cas où elle est survenue » (Charcot).

La terminaison mortelle, par inanition, est heureusement loin d'être fréquente. La guérison, la malade étant à un stade moins avancé de la maladie, peut être spontanée, mais l'éventualité est rare.

« La jeune fille, dit Lasègue, commence à s'inquiéter de l'appareil attristé qui l'entoure et pour la première fois son indifférence satisfaite se déconcerte : le moment est venu où le médecin va reprendre son autorité s'il avait eu soin de la ménager en prévision de l'avenir ; le traitement n'est plus accepté avec une condescendance passive ; il est accueilli avec une appétence que la malade cherche encore à dissimuler.

« Deux directions s'offrent alors à la malade :

1° Ou elle est assez détendue pour devenir obéissante et c'est le cas le plus rare ;

2° Ou elle accède à une demi docilité avec l'expérience évidente qu'elle conjurera le péril sans renoncer à ses idées et peut-être à l'intérêt qu'inspire sa maladie.

« Cette seconde tendance, de beaucoup la plus commune, complique énormément la situation. Ce n'est pas chose facile que de rétablir le fonctionnement régulier de l'estomac condamné depuis longtemps au repos; on passe par des alternatives de réussite et d'insuccès et souvent on n'obtient qu'un résultat insuffisant.

« Quelquefois un événement inattendu vient rompre le cours de la maladie un mariage, un chagrin, une perturbation profonde. D'autre fois ce sera un incident physique, une grossesse, une affection fébrile ; mais on en voit qui résistent à ces deux ordres de puissants modificateurs (Observation XVI).

X. — DURÉE.

La durée de l'anorexie mentale est assez variable : elle peut, en effet, persister des mois et des années. Sur les huit malades, observés par Lasègue, la guérison la plus rapidement obtenue l'a été au bout de dix-huit mois.

Sollier, dont l'appréciation se base sur un nombre de cas beaucoup plus considérables, dit que l'anorexie mentale peut durer de deux à six ou sept ans.

Quelque soit l'issue de la maladie, guérison, chronicité ou mort, en peut dire que l'anorexie est une maladie de longue durée.

Et, du reste, l'anorexique que l'on laisse sortir de la maison de santé ayant augmenté de huit, dix, vingt kilogs, est-elle guérie ?

Elle a faim (phénomène physique) et elle mange, c'est incontestable, mais l'état mental qui a été l'origine de sa maladie a-t-il complètement disparu (Observation XVI) ?

C'est l'exception, croyons-nous pouvoir affirmer, et le nombre considérable d'anorexiques qui rechutent est assez significatif à ce point de vue.

XI. — COMPLICATIONS.

Elles sont nombreuses.

En premier lieu nous citerons la tuberculose (Observation XIV). C'est la complication la plus redoutable. Lasègue l'aurait déjà observée dans un des huit cas de son mémoire original.

Est-ce toujours l'anorexie qui, en plongeant les malades dans l'inanition, les rend aptes à contracter, comme toutes les maladies infectieuses, la tuberculose ?

A notre avis, il y a lieu de se demander si dans les cas d'anorexie observés comme se terminant par la tuberculose, quelques-uns d'entre eux n'étaient pas des cas de phymatose dont un des premiers symptômes, et un des plus persistant avait été l'anorexie. C. F. Marshall a, du reste, publié une observation typique d'anorexia-nervosa d'origine tuberculeuse, de tuberculose latente, d'après l'auteur.

« C'est une jeune fille de 11 ans qui paraît en avoir 14. Le 10 mai 1890 elle entre à *North Eastern Children's Hospital* parce qu'elle n'a pas faim ; sa mère croyait à une maladie nerveuse en l'y amenant. Il y

avait quatre ans, la jeune fille avait eu une maladie
semblable.

A l'examen, elle était très émaciée, le ventre était
rétracté. *Elle ne présentait aucune lésion organique.*
Elle était très agitée, refusait toute nourriture et vomissait ce qu'elle prenait. On l'a nourrie néamoins
de thé, de bœuf et de Brandy. Le treizième jour elle
a présenté une poussée thermique de 102° Farh.
(38° 9/10 centigrades) et le quinzième jour elle mou-
rait.

A l'autopsie, on trouva des lésions indubitables de
tuberculose au sommet gauche, mais qui, d'après
l'auteur, ne pouvaient pas occasionner la mort.

Les anorexiques de ce genre sont malheureusement trop nombreuses. Aux unes comme aux autres,
c'est le même traitement qu'il faut faire suivre : la
suralimentation. Il y a urgence pour les unes comme
pour les autres à engraisser.

Parmi les autres complications et non des moin-
dres, il convient de citer les gastralgies ; si elles
aident l'éclosion d'une anorexie, elles jouent aussi un
rôle important dans la durée et la ténacité de la maladie.

« Qu'on suppose un individu pris subitement d'une
contriction épigastrique, survenue sans motif appréciable, le malaise est tel qu'il éveille l'inquiétude. Le
malade se demande d'où peut provenir cette impression étrange, et c'est souvent par une semblable recherche que commence le délire des persécutés. En

supposant que l'affection encéphalique n'aboutisse
pas à de graves conséquences, la première hypothèse
du malade et la plus naturelle est qu'il souffre d'une
maladie de l'estomac. Toute anxiété épigastrique
avec l'appréhension, le demi vertige qu'elle entraîne
à sa suite s'exagère par l'alimentation ; raison de
plus pour croire à l'existence d'une irritation gastrique » (Lasègue).

A la seconde période, « les douleurs du début se
sont atténuées ou dissipées; si elles reparaissent, ce
n'est qu'à de lointains intervalles ou dans des proportions aisément tolérables. Encore un argument
en faveur du régime auquel la malade fait honneur
de son amélioration » (Lasègue).

Le malheur est encore plus grand quand l'anorexie
mentale est associée a une maladie organique de
l'appareil digestif, Mais une complication des plus
ennuyeuses est, à n'en pas douter, les vomissements ;
surtout ces vomissements nerveux qui viennent avec
facilité.

Il semble que l'estomac ne tolère plus les aliments.
C'est un argument pour la malade en faveur de sa
persistance à refuser la nourriture. « Puisque les
aliments sont vomis, dit-elle, à quoi bon les manger » ?

XII. — FRÉQUENCE.

L'anorexie mentale est très fréquente, mais, il faut
bien le dire, elle passe le plus souvent inaperçue.

Dans ce cas, regardée comme une chose banale, un caprice d'enfant, on la néglige complètement. C'est le quotidien dialogue de la malade avec son médecin, rapporté par Lasègue.

— Mon enfant, êtes-vous décidée à manger aujourd'hui ?

— Docteur, j'ai fait ce que j'ai pu et je n'ai pas réussi.

— Encore quelques efforts et tout ira bien.

Régimes et apéritifs surajoutés : atteindre l'inanition n'est plus une affaire de temps !

« Ébauchée ou constituée, l'anorexie mentale constitue quelque chose de tout à fait fréquent. C'est une affection que le médecin n'a pas le droit de méconnaître. — Qu'il prenne des anorexiques constitués pour des malades organiques et qu'il les traite par la thérapeutique médicamenteuse ou qu'il laisse s'installer une anorexie non encore développée, il est également fautif. Car le traitement des anorexiques donne les plus beaux succès thérapeutiques et la méconnaissance d'une telle affection mène plus ou moins directement, plus ou moins hâtivement le malade à la mort » (Déjerine).

XIII. — PRONOSTIC.

Le pronostic peut différer suivant la période de la maladie pendant laquelle le médecin est appelé à se prononcer.

L'anorexie mentale, au début, est d'un pronostic bénin, mais réservé.

Bénin parce que, prise au début, une anorexique a bien des chances, en principe, de guérir, réservé d'abord parce que, d'un premier examen, le médecin ne peut pas conclure de l'état mental de la malade et de la docilité, de cette dernière, au traitement énergique, mais prudent, qu'elle doit subir ; réservé encore à cause des rechutes possibles « rechutes fatales », dit Déjerine.

C'est aux malades qui lui ont été conduits, à cette première période, que pensait, croyons-nous, le professeur Dubois, de Berne, en écrivant : « Dans cette forme toute mentale d'anorexie je n'ai jamais observé d'insuccès, quoique dans certains cas la guérison se fasse attendre ».

. De même que Bauer, qui dit : « Il est tout à fait exceptionnel que le réveil de l'appétit se produise trop tard pour que la guérison puisse être obtenue ».

C'est aussi l'opinion de Lasègue « Si fondées que soient les inquiétudes, dit-il, je n'ai pas encore vu l'anorexie se terminer par la mort quoique, malgré cette assurance expérimentale, j'ai passé par des perplexités répétées ».

L'anorexie mentale constituée, dès la période d'état, est d'un pronostic grave. Le refus d'alimentation date déjà de plusieurs semaines, l'amaigrissement est considérable, l'inanition est latente.

Chez les malades qui recommencent à manger

l'augmentation *progressive* de poids et l'apparition des
règles sont d'un bon pronostic (Observation XVI).

« L'aménorrhée, dit le professeur Gilbert Ballet,
est un phénomène important et tant qu'elle persiste,
quelque soit l'état général de l'anorexique, tant psychique que physique, on ne peut pas la considérer
come définitivement **guérie**. »

Quand l'amaigrissement a dépassé la moitié du
poids du corps il est prudent de se prononcer en faveur d'un pronostic fatal.

La terminaison mortelle est loin d'être une exception (Observations XIV, XV).

Sir W. Gull a observé un cas de mort à la suite
d'une phlébite.

Quatre cas d'anorexie terminés par la mort ont
été signalés par Charcot.

Un par Rosenthal sur quatre observés.

Un sur huit par M. Bouveret.

Kamal, dans sa thèse, donne une proportion de
13,15 pour cent de cas mortels ; 5 morts sur 38 cas.

Pour M. Sollier : Le pronostic de l'anorexie est
grave. « Sur sept cas que j'ai observé, dit-il, un seul
peut être considéré comme guéri ; de deux autres,
trop récemment vus pour qu'on puisse affirmer l'issue,
un est en voie de chronicité, l'autre récidivera très
probablement malgré une amélioration considérable : un est franchement chronique avec des rémissions et des aggravations continuelles et, enfin,

trois autres sont morts : deux de tuberculose aigüe, un de cachexie progressive ».

Les anorexiques meurent en état de cachexie, mais jamais en état d'aliénation mentale. C'est à tort, à notre avis, que l'on a voulu voir du délire en général et même une forme de délire spécial dans l'état psychique de l'anorexique mentale (Observation V). Loin d'empirer, cet état psychique semble disparaître à la période ultime de l'anorexie et, comme nous l'avons signalé, le malade semblant, à ce moment trop tardif, triompher de son idée fixe, obsession ou phobie, tente de se reprendre, de se ressaisir.

XIV. — DIAGNOSTIC.

« L'anorexie mentale, franchement constituée, est aisée à reconnaître pour n'importe quel médecin un peu averti », dit le professeur Déjerine, et plus loin : « Le diagnostic de l'anorexie mentale est extrêmement simple, il suffit d'y songer. Il ne devient un peu compliqué que quand l'anorexie mentale s'est greffée sur un état organique vrai. Mais, même dans ces cas, l'anorexie vous renseigne et chaque fois que chez un malade on pourra affirmer l'existence d'une restriction d'abord volontaire ou émotive de l'alimentation, suivie de la perte de la notion psychique de l'appétit, on pourra affirmer aussi l'existence, à l'état pur ou, associé de l'anorexie mentale. »

Ce n'est point là l'avis du professeur Dubois, de Berne, qui écrit : « Dans bon nombre de cas il est difficile de dévoiler la nature psychopatique de l'anorexie mentale. Il semble être dûment motivé par la dyspepsie, par des douleurs ou l'état de la langue (Observation XIII) ».

Le docteur Sollier se sépare encore davantage de l'opinion du professeur Déjerine : « Le diagnostic est extrêmement délicat ».

« Il ne se pose guère avec les affections organiques de l'estomac. Mais il est deux cas avec lesquels on voit souvent la confusion se faire, c'est l'atonie gastro-intestinale neurasthénique de Bouveret, dyspepsie nervo-motrice de Germain Sée, dyspepsie nerveuse de Leube, d'une part et d'autre part la forme primitive de l'anorexie hystérique.

« La dyspepsie nerveuse de Leube est essentiellement liée à la neurasthénie. Or, les symptômes cardinaux de la neurasthénie font défaut dans l'anorexie mentale ; la céphalée est exceptionnelle et n'affecte pas la forme de la céphalée neurasthénique ; l'insomnie est plus fréquente, mais est loin d'être la règle, surtout au début de l'anorexie.

« La dépression cérébrale est continue et ne procède pas par accès comme chez les neurasthénique qui, très abattus à certains moments, sont très animés dans d'autres. L'asthénie neuro-musculaire n'est pas la même non plus, tandis que les neurasthéniques dyspeptiques et amaigris se plaignent sans cesse de

leur fatigue, de leurs douleurs d'estomac, les anorexiques mentales, au contraire, cherchent continuellement à donner le change et quelquefois jusqu'à
la fin.

« La rachialgie n'existe pas.

« Quant à l'atonie, il n'y en a que secondairement
(Observation XVI). Dès qu'on force les malades à
manger, si la maladie n'est pas trop ancienne, on
voit l'estomac et l'intestin reprendre leurs fonctions
sans s'accompagner de dilatation ni d'éructation. Il
n'y a pas de palpitations, de vertiges, d'asthénopie,
comme dans l'hystérie (Sollier) ».

L'état psychique est absolument différent de celui
des neurasthéniques. Autant ceux-ci sont gémisseurs,
autant les anorexiques sont stoïquement placides ;
autant les premiers sont hypocondriaques et cherchent à se médicamenter, autant les seconds sont
alertes, remuants, sinon gais et ne se droguent pas
du tout.

Le diagnostic de l'anorexie mentale avec l'anorexie
hystérique primitive est beaucoup plus difficile.

Nous ne parlerons pas, bien entendu, de l'anorexie
secondaire qui est, « grâce aux nombreux stigmates
et autres accidents hystériques que présente le sujet,
d'une grande facilité de diagnostic.

« Pour la forme primitive, au contraire, l'hésitation peut être très grande et c'est dans certains cas
plutôt une affaire de coup d'œil que de raisonnement,
et c'est alors le traitement et l'évolution qui tranche

la question. Néamoins, d'une part les antécédents héréditaires névropathiques plutôt que psychopathiques, d'autre part l'état mental antérieur du sujet, l'existence de quelques stigmates tels que des points hyperesthésiques au crâne, au rachis, aux ovaires, l'anesthésie du pharynx, l'abolition plus ou moins complète du goût, l'anesthésie beaucoup plus marquée du creux épigastrique et de l'estomac, la brusquerie ordinaire du début, les retours inopinés d'appétit et d'alimentation, l'amaigrissement beaucoup moins rapide, la coïncidence fréquente des vomissements provoqués par un point hyperesthésique de l'estomac, les perversions et les caprices du goût, enfin, l'état mental manifestement hystérique et les troubles du caractère, vis-à-vis de l'entourage, sont autant d'indices sur lesquels on peut s'appuyer pour établir l'anorexie hystérique primitive (Sollier). «

Ces cas d'anorexie mentale, purement apparente, que l'on trouve chez certaines hystériques, faisant parade de leur anorexie et se nourrissant en cachette, ne devront pas tromper le médecin. Les anorexiques mentaux procèdent de la façon contraire ; ils font semblant de manger pour donner satisfaction à leur entourage et cachent les aliments qu'ils sont sensés avoir absorbés, dans leur poche, leur corsage, leur mouchoir (Observation XVI). Nous avons pu voir ainsi des anorexiques nourrissant des chiens de façon régulière et suffisante avec la nourriture qu'ils avaient cachée malgré la surveillance constante dont ils étaient l'objet pendant leurs repas.

Il faut encore différencier l'anorexie mentale vraie, de l'anorexie sociale du professeur Déjerine, observée chez les sujets manquant littéralement de pain ou presque et finissant par réduire assez leur alimentation.

Éliminer en outre l'anorexie des individus atteints de psychoses caractérisées qui ne « veulent » pas manger :

Les hypocondriaques, les mélancoliques, les persécutés ; chez eux l'anorexie découle directement de l'idée délirante (Observation XIV). Les premiers ne mangent pas parce qu'ils se croient atteints d'une affection du tube digestif plus ou moins bizarre et qu'ils redoutent les souffrances et les inconvénients que pourraient occasionner le passage de certains ou de tous les aliments.

C'est dire que, même chez les hypocondriaques, l'anorexie peut être élective, certains aliments sont acceptés, tandis que d'autres sont refusés. Elle est qualitative et aussi quantitative, car les aliments acceptés peuvent ne l'être qu'à une certaine dose qui reste au-dessous de la ration d'entretien. Il y a des hypocondriaques qui s'imaginent qu'ils ont les intestins pourris, qu'ils ont le goût empoisonné, etc...

Chez les mélancoliques, l'anorexie est diversement motivée suivant la nature des idées délirantes. Les uns ne mangent pas parce qu'ils ont des idées de

ruine, qu'ils n'ont pas suffisamment d'argent pour
payer leur repas ; d'autres se croient indignes de vivre et usent de l'abstinence pour écourter leur existence ; chez les mélancoliques l'abstinence est, presque toujours, la conséquence d'une idée délirante.
Dans les états de dépression de la folie intermittente
ou à double forme le refus de l'alimentation peut
être intimement lié à la suppression de tout mode
d'activité ; c'est une des manifestations du négativisme. C'est encore par le négativisme que s'explique
souvent l'anorexie des déments précoces ; il en est
aussi qui ne mangent pas parce qu'ils n'y pensent
pas, ils s'alimentent lorsqu'on les y incite.

Beaucoup de persécutés ne mangent pas parce
qu'ils s'imaginent qu'on veut les empoisonner ; quelques-uns ne mangent que les aliments qu'ils ont eux-
mêmes achetés ou préparés, mais il en est aussi qui
repoussent tout espèce d'alimentation.

Citons encore les scrupuleux qui se privent par
humilité.

D'autres grands délirants ne mangent pas parce
que leur délire est suffisamment intense pour inhiber
— transitoirement — toutes les sensations périphériques. Tous ces malades, l'idée délirante disparue,
sont susceptibles de se réalimenter immédiatement
et d'une façon intense. L'anorexie n'est, chez eux,
qu'un symptôme de maladie mentale, elle n'est pas
l'élément essentiel ou fondamental. Ils ne rentrent
pas dans le cadre de notre sujet.

« La représentation mentale de l'appétit n'est ni actuellement, ni, virtuellement perdue chez eux (Déjerine). »

Il est, enfin, des cas tangents aux précédents, des cas limites qu'il importe de distinguer au point de vue diagnostic, car ils exigent une thérapeutique spéciale et que leur pronostic est encore plus grave que celui des anorexiques mentaux vrais.

Ce sont d'abord des déments précoces au début, chez lesquels l'anorexie est très comparable à celle des hystériques ; beauoup de déments précoces se comportent, du reste au début, comme de vrais hystériques. Ce n'est qu'en suivant avec soin les malades qu'on s'aperçoit bientôt de certains signes qui ne laissent aucun doute sur le fond démentiel.

L'anorexie se présente encore chez des débiles, chez des hypocondriaques au début. Pour ces derniers, on réussit facilement à vaincre l'anorexie, mais l'hypocondrie subsiste beaucoup plus longtemps : il y a un fond psychique dont il est difficile de débarasser complètement la malade qui raisonne, discute sur son état, ramène sans cesse la conversation sur sa santé.

Chez d'autres encore c'est moins l'hypocondrie que la mélancolie qui en est cause, ou bien c'est une association. Parmi ces anorexiques, petits mélancoliques, il y en a qui, avant la période de dépression et d'anorexie, ont passé, tout comme les anorexiques, mentaux primitifs, par une phase d'hyperactivité ;

nous nous demandons même si on ne peut pas inter-
préter la sucession de ces deux périodes chez ces ian-
gentiels comme un petit accès de psychose maniaque
dépressive ?

L'absence de toute lésion organique écartera l'idée
de chlorose, de diabète maigre, de tuberculose. Et
pour cette dernière, en se souvenant que si dans l'a-
norexie constituée la tuberculose est toujours à craindre, l'anorexie n'est souvent aussi qu'un symptôme
de tuberculose latente, dont l'anorexie est une des
premières manifestations.

Un des symptôme de l'anorexie mentale qui sera
le plus à considérer, au point de vue diagnostic, c'est
l'aménorrhée (notre statistique indique 12 aménor-
rhiques sur 16 cas observés).

L'aménorrhée précède souvent l'anorexie (Observations II, IV, V, VI, XI, XII, XIII, XVI) et si cette
dernière survient, chez des jeunes filles non encore
pubères, l'apparition des règles est un des symptômes
les plus probants de guérison définitive.

Tant que la maladie sera aménorrhéique, elle ne
sera pas guérie. L'embonpoint eut-il même reparu,
des rechutes sont à craindre si les règles ne sont pas
revenues » (Gilbert Ballet).

XI. — TRAITEMENT.

L'anorexie mentale est de toute les psychonévroses,
qui ont l'appareil digestif pour siège, la plus grave et

parfois celle qui comporte aussi les indications immé-
diates les plus précises.

Tous les auteurs sont d'accord pour reconnaître,
d'une part, l'urgence qu'il y a à isoler l'anorexique
mental, à le suralimenter ; d'autre part, l'efficacité
du traitement psychothérapique.

Isolement. — Nous n'hésitons pas à affirmer que
le traitement de l'anorexie mentale est *impossible*
dans le milieu familial et que le tenter c'est courir à
un échec certain, dont la mort même du malade peut
être l'expression. De toutes les observations, dont
nous avons eu connaissance, une seule signale un cas
de guérison (combien relative, du reste, et peu certaine !) survenue dans le milieu familial (Observation VI).

En dehors de cette exception, nous ne trouvons que
des faits en faveur de l'isolement et en plus des observations que nous rapportons, nous tenons à noter
ici le cas dont G. Gasne parle en ces termes : « C'est
un exemple personnel qui m'a profondément ému par
l'intensité dramatique des situations ; il s'agit d'un
magistrat qui m'appelle un jour pour donner mes
soins à sa jeune fille, âgée de vingt ans. Après dix
diagnostics, aussi variés qu'étranges, signés des maîtres les plus illustres, cet homme avait fini par comprendre qu'il s'agissait d'une anorexie nerveuse. Il
m'apprit, chose cruelle, qu'il avait perdu, deux ans
avant, sa fille aînée du même mal, il *voulait* sauver

celle-ci ; il exprimait cette volonté avec une exaltation
singulière, mais au premier mot de maison de santé
il m'arrêta, un de nos meilleurs maîtres en pathologie nerveuse lui avait affirmé cette nécessité de l'isolement, le père s'était heurté à une telle résistance de
la part de sa femme qu'il avait dû s'incliner, il venait
justement me supplier, c'est bien une véritable sup-
plication poignante, de soigner sa fille chez lui. J'ai
essayé ; toutes les ressources que j'ai puisées dans
ma longue fréquentation des hystériques à la Salpêtrière je les ai mises en œuvre, m'acharnant à cette
cure, je n'ai pas gagné un gramme. Le père finit par
vaincre la résistance de la mère, il retourna près du
premier médecin qui l'avait conseillé et isolée, sous
sa direction, la jeune fille guérit avec cette rapidité
miraculeuse particulière dans ces cas là.

C'est qu'en effet les familles transigent trop avec
leurs malades et ne savent pas leur imposer l'alimentation qui est nécessaire. De plus il arrive souvent que
l'anorexique trouve des satisfactions de tout ordre à
se faire plaindre, à se faire supplier par les siens et
cela même quand il n'est pas encore assez systéma-
tisé pour qu'une perte de poids continue soit pour lui
un véritable triomphe.

L'isolement doit être donc toujours pratiqué il doit
être claustral, contemplatif, s'il nous est permis de
nous servir de ce terme de comparaison, c'est-à-dire
accompagné, sinon d'un alitement absolu, du moins
d'un repos forcé le malade tenu allongé, pendant la

plus grande partie de la journée. Et ce n'est pas là
un des points du traitement les plus faciles à obtenir
de l'anorexique au début ou même à la période d'état
alors qu'il est presque toujours atteint de dromomanie, comme nous l'avons montré. Aussi, si la
chaise-longue ou le rocking-chair sont impuissants à
retenir le malade immobile (il s'y agitent quelquefois
continuellement, remuant bras et jambes), il ne faut
pas hésiter à recourir à l'alitement complet.

Depuis Charcot, qui fut le premier à faire ressortir l'efficacité de l'isolement dans l'hystérie et les
affections connexes, rapportant un cas d'anorexie
guérie par l'isolement, presque tous les auteurs ont
conseillé l'isolement (Béhier, Brécy, Dubois, Dutil et
Laubry, G. Ballet, A. Thomas, Hutinel, Tarrius,
Déjerine et Gauckler, Schnyder, Buvat, P. Janet).

« L'isolement est la ressource suprême, dit Sollier,
mais malheureusement et contrairement à ce qui se
passe dans l'hystérie il n'amène pas toujours la guérison, et il est quelquefois inutile ». L'isolement peut
être inutile pour les malades rebelles à la psychothérapie, par trop rétifs, ou bien, arrivés à la période
ultime d'inanition, chez ceux aussi qui, récidivant
plusieurs fois, finissent par faire de l'anorexie chronique ; mais c'est l'extrême exception, nous l'esti-
mons, bien au contraire, dans la très grande majorité des cas non seulement comme utile, mais comme
indispensable pour obtenir un bon résultat. Brécy
prétend même que « on ne saurait trop insister sur

l'importance de l'isolement dans l'anorexie mentale ; l'éloignement de l'entourage et du milieu suffit parfois à lui seul pour amener une guérison rapide ».

Alimentation. — Sur ce point du traitement il y a des divergences d'opinions. Suivant certains auteurs (G. Ballet, Sollier) dès son entrée dans la maison de santé, on doit soumettre le malade au régime alimentaire ordinaire, potages, viandes, légumes. Suivant d'autres, au contraire, une reprise d'alimentation progressive doit être observée en commençant par le régime lacté, pour aboutir à une nourriture variée (Déjerine et Gauckler, A. Thomas).

Sollier serait en principe pour l'alimentation normale et variée d'emblée : « Le régime lacté est le plus mauvais régime, le plus débilitant, le moins assimilable. Je suis partisan d'employer le régime normal, d'emblée et sans transition ». Mais il fait ensuite cette restriction « quitte plus tard à le modifier dans un sens ou dans l'autre ».

C'est qu'en effet, d'après nous, cette partie du traitement doit être modifiée suivant l'anorexique auquel on a affaire.

Lorsqu'on se trouve en présence d'un sujet chez lequel l'alimentation a été réduite, pour ainsi dire, à néant depuis quelque temps, présentant les premiers symptômes de l'inanition, malades si faibles qu'on ose à peine les remuer, il faut suivre dans l'alimentation une marche très lente et très progressive. Suivant

l'état du malade on peut être amené quelquefois à
ne donner le premier jour que du lait par cuillerées
à café toutes les cinq, toutes les dix minutes ou tous
les quarts d'heure, pour augmenter ensuite petit à
petit, mais d'une façon néamoins rapide, l'importance
individuelle des prises alimentaires. Si le premier
jour il n'a été possible de donner au malade que 2 ou
300 grammes de lait, le second il leur en faudra
prendre 700 ou 750, le troisième un litre à un litre
et demi pour en arriver en huit à dix jours à la dose
définitive de cinq litres de lait, dose qui sera mainte-
nue jusqu'à ce que le malade ait engraissé de plusieurs livres. A ce moment, et du jour au lendemain,
on pourra le mettre au régime alimentaire ordinaire.

Chez les sujets encore vigoureux, comme le sont le
plus souvent les anorexiques primitifs, c'est en trois
ou quatre jours au plus qu'il faudra arriver à la dose
classique de la suralimentation lactée et de là à l'alimentation ordinaire.

Au besoin, si le malade se refuse à absorber la
quantité d'aliments qui lui est prescrite, nous pensons
qu'il ne faut pas hésiter à user d'énergie. On peut
le menacer de la sonde ; dans la grande majorité des cas cette menace, quelquefois la vue de
l'appareil et de la préparation du gavage suffisent
à triompher de la mauvaise volonté du malade qui,
de lui même, demande à manger seul (Observation
XVI).

On a prétendu que la pratique du gavage à la sonde

était déplorable (G. Ballei), parce que si on arrivait, par ce moyen, à modifier favorablement l'état physique des malades, on ne leur procurait pas, ainsi le besoin de manger, besoin qu'il faut obtenir. Il est évident que le gavage ne met pas le malade en appétit, loin de là, provoquant des nausées, quelquefois des spasmes de l'œsophage et des contractions de l'estomac ; c'est toujours, pour le patient, comme pour le médecin du reste, une opération pénible et délicate. Quoiqu'il en soit, ne vaut-il pas mieux nourrir avant tout un anorexique irréductible à toute action physique, que d'avoir l'air de lui céder en ne le gavant pas après l'avoir menacé de la sonde ? C'est, à notre avis, une déplorable manière de procéder que d'avoir l'air de reculer devant le gavage promis. Le malade gavé se force-t-il à vomir ensuite, comme on le voit parfois, on en sera quitte pour recommencer l'opération. La notion absolue c'est qu'il ne faut pas céder. Au reste, quand l'autorité du médecin s'affirme suffisamment, il est très rare qu'on soit obligé de recourir à des moyens extrêmes, car lorsqu'il sent qu'il a affaire à plus fort que lui, le malade se soumet.

Ainsi il est bien rare qu'un seul gavage n'arrive pas à persuader à l'anorexique isolé qu'il ne peut pas faire autrement que de manger et qu'il est préférable, pour lui, de se soumettre.

Certains médecins enfin repoussent catégoriquement et chez tous les anorexiques, l'emploi du lait. Ils

invoquent en faveur de leur théorie le dégoût particulier que la plupart des malades ont pour cet aliment,
la constipation qu'il provoque même chez des individus normaux, ne faisant qu'augmenter par son usage, chez les anorexiques toujours sujets à la constipation.

C'est l'alimentation variée que ces auteurs réclament envers et contre tout, pour leurs anorexiques :
Ni régime ni remèdes, voilà leur principe.

C'est un principe qu'il est quelquefois impossible
de mettre en pratique.

Il n'est pas toujours aisé de persuader du jour au
lendemain à un malade comme Mlle M. C. (Observation XIII), qui se nourrissait depuis plus d'un an de
quatre biscuits et d'un verre de jus de pruneaux lorsqu'on l'a isolée, d'absorber, une soupe, un beefsteak
et un plat de légumes. C'est même à notre avis, sinon
dangereux, du moins peu prudent, parce que c'est
soumettre, tout d'un coup, l'estomac depuis longtemps presque inactif, à un trop grand effort.

Selon nous, le régime lacté a cet avantage d'être le
meilleur procédé pour donner au malade une ration
alimentaire constante.

On ne saurait d'ailleurs établir à ce sujet de règle
absolue, car il est des malades qui engraissent davantage avec le régime lacté, d'autres avec une alimentation ordinaire et substantielle. On ne saurait donc
établir de régime-type. En résumé, celui qui convient
le mieux, est celui qui fait engraisser le plus vite.

D'une façon générale, si on rejette les remèdes, apéritifs, amers de toutes sortes, comme impuissants à réveiller l'appétit de l'anorexique mental et nuisible à son estomac délabré, on reconnaît que l'hydrothérapie pratiquée dans de bonnes conditions, est un stimulant puissant sinon de la fonction digestive, du moins de l'état général. Le Professeur Gilbert Ballet préconise les douches tièdes; Sollier, l'hydrothérapie froide : A. Thomas, au contraire, prétend qu'elle fatigue les malades et qu'elle contribue à faire baisser le poids. C'est vrai pour les anorexiques déjà en - ciés, « diaphanes » qui ne peuvent presque plus se traîner : l'eau de toute façon, ne peut que les affaiblir. Mais pour les malades, encore un peu solides, ou en voie d'amélioration, capables d'agitation et d'effort soutenu, nous croyons que l'hydrothérapie et l'hydrothérapie froide à raison d'une, et même deux douches par jour, douches en jet, d'une durée de 15 secondes, suivies de friction sèche et de repos au lit, agit doublement comme calmant du système nerveux et comme tonique générale.

C'est donc dans une maison de santé hydrothérapique que doit être pratiqué l'isolement sous la surveillance directe d'un médecin qui complètera le traitement par des séances quotidiennes de psychothérapie.

Psychothérapie

Le fond du traitement d'une anorexique mentale, le traitement rationnel et durable, est d'arriver à la

faire *vouloir* manger. Et pour ce « il faut ajouter à
la persuation et à la parole entraînante une douce
contrainte morale » (Dubois). Mais on n'agira dans
ce sens, qu'après s'être bien assuré de la collaboration des parents; nous ne saurions trop insister sur
la nécessité qu'il y a pour le médecin traitant, de persuader d'abord les parents, sur tous les points du
traitement pour pouvoir ensuite avec leur aide, leur
consentement, obtenir, capter la confiance de la malade. C'est à notre avis un point capital et il faut bien
reconnaître que dans certains cas, le fait pour un
père ou une mère, de confier à un médecin, directeur de maison de santé, leur enfant anorexique,
n'implique pas de leur part une confiance absolue: et
tandis que la malade n'opposera souvent au pro-
gramme du traitement auquel on manifeste l'intention
de la soumettre qu'un morne mutisme, ce sont les
parents qui se récrieront à l'idée du gavage ou même
de l'alimentation absolue (Observation XIII).

Dans ces conditions, même en obtenant ultérieu-
rement l'isolement rigoureux, par suppression des vi-
sites et interdiction de correspondre par lettres, c'est
prêcher dans le désert que faire de la psychothérapie
à des malades qui savent que leurs parents sont susceptibles de les reprendre avant guérison complète et
d'approuver leur refus de se soumettre aux ordres du
médecin.

Ce premier point établi, il ne faudra pas procéder

avec tous les anorexiques de la même manière et discourir invariablement sur le même thème.

Par exemple, si on a affaire à un anorexique par obsession d'une maladie d'estomac ce qu'on devra lui persuader ce n'est pas qu'il n'a pas une maladie d'estomac, car cette suggestion ne durerait guère, c'est d'obéir à ce qu'on lui ordonne de faire pour le guérir, c'est-a-dire s'alimenter normalement ; car finalement ce n'est pas parce qu'il est persuadé n'avoir pas de maladie qu'il guérit, c'est parce qu'il remet son estomac en fonction et que loin d'en ressentir des inconvénients, comme il le croyait, il s'en trouve bien au contraire.

Si on se trouve en présence d'un anorexique par désir de se rendre malade, de mourir même, ayant commencé par se retenir de manger, qaoique ayant faim, et au bout d'un certain temps, n'ayant plus faim réellement, le moral étant de plus en plus atteint, le dégoût de la vie de plus en plus marqué, finissant par avoir de la nourriture une véritable répulsion, comme de tout ce qui le rattache à la vie (Observation XII), il faut, de toute nécessité, dans ce cas, supprimer la cause morale à l'occasion de laquelle a pris naissance l'idée fixe.

Quelquefois la cause obsédante est minime et, tout en restant fixée dans l'esprit du malade par une sorte d'habitude, s'estompe; il suffit alors de forcer le sujet à s'alimenter, de réveiller ses fonctions amoindries,

de stimuler son activité pour voir l'idée fixe disparaître.

Les anorexies par phobie, sont peu rebelles, il suffit souvent d'assister à quelques repas du malade, le
rassurant et lui montrant que ses craintes sont illu-
soires, qu'il ne risque rien, pour que la phobie soit
abandonnée. Mais il faut être circonspect et attendre
pour déclarer guéris de tels malades, que leur état
physique général soit redevenu normal, car on peut
être sûr qu'au moindre petit trouble digestif, la phobie reparaîtra.

Les malades qui ne mangent pas parce qu'un jour
ils ont avalé de travers et ont cru s'étouffer; d'autres,
aérophages le plus souvent, redoutant la congestion
ou l'indigestion; ceux qui sont hantés par la peur du
retour de douleurs stomacales ou intestinales, ressenties une fois accidentellement, présentent autant
de cas où la psychothérapie fait merveille, mais à
une condition, c'est qu'on les alimente. Si on se con-
tentait de leur faire de la psychothérapie pour les débarrasser de leur phobie, sans les alimenter, et les
alimenter normalement, on risquerait fort d'attendre
longtemps leur guérison.

C'est en les faisant agir, plus qu'en les raisonnant,
en leur faisant faire ce qu'ils ont peur de faire, après
les avoir rassurés et leur avoir donné confiance, qu'on
guérit leurs phobies.

Le rôle de la psychothérapie se borne à rassurer
les malades et à tâcher d'obtenir d'eux qu'ils fassent

ce qu'on leur dit qu'ils peuvent faire sans danger. Mais si cela ne suffit pas pour qu'ils agissent comme ils doivent, il n'y a qu'à les faire agir par ordre, à les obliger à faire ce qu'il faut, et le fait d'avoir agi sans les conséquences fâcheuses qu'ils redoutaient est d'une bien autre efficacité que tous les raisonnements et toutes les affirmations rassurantes possibles. Et la preuve en est que si l'on veut guérir vite ces malades, c'est de ne pas les raisonner, c'est de leur démontrer par le fait accompli que leur crainte était vaine.

Pour arriver en tout cela à un résultat si minime soit-il, il faut avoir su capter la confiance du malade et faire preuve de douceur, de persuasion et de fermeté.

« L'anorexie psychopathique avec ou sans vomissements, est toujours justiciable de la psychothérapie, l'isolement exerce sur les malades une contrainte morale efficace, mais la guérison se fait par une conversion psychique sous l'influence des représentations mentales. Le succès dépend du don de persuation du médecin » (Dubois).

Nous avons déjà dit combien les remèdes avaient peu de succès auprès des anorexiques en général, et combien même ils pouvaient être nuisibles chez certains phobiques que l'on contribue, en les droguant, à persuader qu'ils présentent une affection organique justiciable de tel ou tel médicament.

Le Docteur S. Dubois de Saujon signale pourtant

un traitement de l'anorexie par les injections hypodermiques de morphine.

Il a pratiqué ce traitement sur trois malades et à
tout prendre s'il en déclare un guéri, l'autre est devenu morphinomane et le troisième était en traitement
lorsque parut la communication du Docteur Dubois,
dans le *Progrès Médical*, en 1896.

Nous sommes tentés d'insister encore dans ce chapitre du traitement sur la médication opothérapique
chez les anorexiques, présentant des symptômes d'in-
toxication endocrinienne. Dans ces cas, loin de croire
comme Weill et Kamal que la suralimentation suffit à
rétablir l'état général des malades, nous sommes per-
suadés que c'est chez ces derniers, justiciables d'une
façon ou d'une autre d'un traitement opothérapique
qui n'a pas été pratiqué, que l'on observe une proportion considérable de rechutes (Observations XII, XIII,
XVI).

Obtiendra-t-on un résultat plus rapide et plus sûr
chez ces malades, par l'adjonction à la psychothérapie et à l'isolement de la médication opothérapique?

Si l'observation du Docteur Tarrius ne suffit pas à
établir nettement l'efficacité du traitement, rien ne
nous autorise à en nier la valeur.

Quelques auteurs (Charcot, Régis, Seltmann, Thomas), conseillent, de pair avec l'isolement et la psychothérapie, un traitement électrothérapique ; Régis
parle simplement d'électricité statique.

Seltmann rapporte le cas d'une jeune fille de 12

ans, chez laquelle l isolement dans une maison de
santé et l'usage prolongé de la sonde étaient restés
sans effet et qui guérit rapidement à la suite d'applications de courant faradique. « La faradisation de la
tête amena une guérison étonnamment rapide ; le
courant électrique était conduit journellement en une
séance de deux minutes au maximum, transversale-
ment dans l'arrière région de l'oreille ou obliquement
à travers la tête (os de la nuque, de la tempe ou du
sommet de la tête).

L'auteur croit, par ce moyen, avoir influé sur la
circulation corticale et amélioré les causes cérébrales
de la non nutrition.

Nous voyons soumettre les anorexiques à l'influence
du bain statique, dont les effets sur les fonctions digestives avaient déjà été constatés par Charcot. On
le fait suivre ordinairement d'une séance de galvanisation ryihmée abdominale ayant pour but de combattre l'atonie gastro-intestinale.

La constipation qui est la règle dans l'anorexie
peut être combattue quotidiennement par l'absorption
d'une eau minérale purgative, à laquelle il est bon
d'ajouter un antiseptique des voies digestives (Benzo-
naphtol, Bétol, etc...) presque toujours infectées (Observation XVI).

« Dans la convalescence, dit Régis, exercices, massages, gymnastique, distractions, préparations toniques, voyages, bains de mer. »

Il importe surtout de ne pas abandonner brusquement à elle même l'anorexique à sa sortie de la maison de santé. Si elle échappe à l'influence du médecin qui vient de la guérir ou de l'améliorer, il faut que dans sa famille on continue, sans que la malade puisse s'en apercevoir, sans gêne et sans heurt, non seulement à la surveiller au point de vue de son alimentation, mais encore au point de vue psychique. Cette période de transition, entre la sortie de la maison de santé et la reprise de la vie de famille, redoutée quelquefois du reste par la malade (Observation XII), voit souvent éclore la nouvelle idée fixe ou obsession qui déterminera une rechute.

Il faut que l'anorexique ne soit pas livrée à elle même dans le milieu où elle a commencé à être malade. Voilà en quoi l'activité, sans surmenage physique et les distractions doivent être conseillées.

CONCLUSIONS

I. — La faim est une sensation due à une excitation des centres nerveux directement influencés par les variations de la composition physico-chimique du milieu sanguin, indirectement atteints par un réflexe dont le point de départ réside dans toutes les cellules de l'organisme.

II. — L'altération du milieu sanguin par infection ou auto-intoxication et l'état d'inhibition des centres psychotrophiques, d'origine physique ou psychique, abolissent la sensation de la faim et constituent l'état d'anorexie mentale.

III. — L'anorexie mentale est le plus souvent liée à la puberté ou plutôt à la phase de développement de l'organisme, au point que, dans sa forme typique on peut la considérer comme faisant partie du groupe des psycho-névroses pubérales ou juvéniles.

IV. — Ses principaux symptômes consistent en : perte de l'appétit et de la faim, avec constipation opiniâtre, mais sans troubles dyspeptiques bien marqués ; amaigrissement extrême, parfois absolument squelettique ;

Aménorrhée, signes divers d'insuffisance glandu-
laire ;

Apathie, indifférence générale, idées fixes et obsessions fréquentes augmentant souvent l'anorexie ;
négativisme, besoin paroxystique d'action, de mouvement, se traduisant par de l'agitation automatique
et surtout par une propension irrésistible à la marche, véritable dromomanie en contraste complet avec
l'état de débilitation générale des sujets.

V. — L'anorexie mentale est environ dix fois plus
fréquente chez la femme que chez l'homme.

VI. — Elle a une durée plus ou moins longue, un
pronostic sérieux, parfois même grave et si elle se
termine souvent par la guérison elle peut aussi dans
certains cas (15 % environ), aboutir à la mort par
consomption, cachexie, tuberculose, etc...

VII. — L'anorexie mentale ne doit être confondue,
ni avec la sitiophobie des aliénés, notamment avec
celle des mélancoliques, des persécutés, des hypocondriaques, ni avec l'anorexie des hystériques. Le
diagnostic est parfois très difficile, surtout avec cette
dernière et il est des cas en quelque sorte mixtes ou
de transition, où ce diagnostic peut rester hésitant au
moins durant un certain temps.

L'anorexie hystérique se reconnaît cependant, même dans ces cas, à ce fait, qu'elle coïncide avec d'autres signes d'hystérie et qu'elle n'amène pas habituel-
lement de cachexie. D'autre part, elle est souvent,

en tout ou partie, simulée, tandis que l'anorexie
mentale, elle, serait plutôt, au contraire, dissimulée.

VIII. — Le traitement de l'anorexie mentale comprend toute une série de mesures et d'éléments appro-
priés : *isolement* dans un établissement hydrothérapique ou de nerveux ; alitement ou semi-alitement,
surtout au début ; *suralimentation* choisie et progressive, au besoin par gavage : frictions sèches,
massage, électricité, hydrothérapie : enfin la *psychothérapie*, qui bien maniée a déjà donné de très bons
résultats et l'opothérapie thyroïdienne et ovarienne
surtout qui semble devoir en donner aussi d'excel-
lents dans l'avenir.

Ce traitement doit, bien entendu, être commencé
d'aussi bonne heure que possible et être continué jusqu'à guérison complète sous peine de rechute ; le plus
souvent, il sera bon de le compléter par une cure de
convalescence, de préférence à la mer avant le retour définitif dans le milieu familial.

BIBLIOGRAPHIE

FAIM

Sedillot. — *Du nerf vague et de ses fonctions* (D. Paris, 1829).

Willien J.-L. — *Faim considérée sous le rapport physiologique, pathologique et thérapeutique.* — Thèse de Strasbourg, 1835.

Lasègue. — *De l'appétit en général et de l'appétit digestif en particulier.* — *Gazette des Hôpitaux de Paris,* 1881, n° 2, p. 10.

Leven. — *Faim, Appétit.* — Comptes rendus de la Société de Biologie, 1882, p. 205.

Longet. — *Traité de Physiologie,* I, 22.

Rosenbakh P. — *Effet de la Faim sur les centres nerveux.* — Vet. Vestnik, Kharkow, 1884, III, 1 sech, 17-26.

Magendie. — *Précis élémentaire de Physiologie* II, 23-30.

Mendel L.-B. — *The Physiology of Hunger.* — Dietel. Hyg. Gaz. New-York, 1893, IX, 281-286.

Brachet. — *Physiologie élémentaire de l'homme,* II, 19.

FLECHSIG. — *La localisation des facultés psychiques spécialement des impressions sensorielles de l'homme*, 20 sept. 1896. — *Revue Neurologique*, 1897, p. 292.

CH. RICHET. — *Des échanges respiratoires dans l'inanition hystérique*. — *Comptes rendus de la Société de Biologie*, 4 juillet 1896, p. 949. — *Rev. Neurol.* 1897, p. 613.

STÉPHEN PAGET. — *Clinical Society of London*. — Lancet, février 1897, p. 523.

JOANNY ROUX. — *Etude physiopsychologique de la Faim*. — *Bulletin de la Société d'Anthropologie de Lyon*, T. XVI, 1897, n° 2. Séance du 3 juillet. — *Rev. Neurol.*, n° 20, 1897.

WEYGANDT, HEILDELBERG. — *L'influence de la Faim sur les fonctions psychiques*. — Münchener Medizinische Wochenschrift, 29 mars 1898. — *Rev. de psych. clinique et thérap.*, juin 1898.

MORAT ET DOYON. — *Traité de Physiologie*, Paris, 1900. T. IV, p. 415.

BARDIER E. — *Article Faim du Dictionnaire de Physiologie*, 1900.

BARDIER E. — *Article Inanition du Dictionnaire de Physiologie*, 1900.

GOLTZ. — Der Hund ohne Grosshirn (A. g. P., XVI, 570).

MATHIEU ET M. BEAUCHAMP. — *Sur quelques modalités des perversions de la faim*. — *Médication Martiale*. Juin 1900.

— 233 —

BARDIER. — *Du Sentiment de la Faim. Ses causes*. — *Archives Médicales de Toulouse* 1901, VII, pages 375-78.

DE MASSARY ET CIVATTE. — *Diabète azoturique ou résanie de la faim ; Boulimie carnée. Société Médicale des Hôpitaux*. — *Presse Médicale*, 2 août 1902.

STERNBERG W. — *Ein einfacher therapeutischer Kungstgriff zur Bekämpfung der Appetit losigkeit*. — *Allgemeine Medicinische Centralzeitung*. Berlin 1906, 75, 681.

MARC. — *Des troubles de l'appétit*. — *Médecine Internationale*, avril 1908, n° 4.

RAMON TURRO. — *Psychophysiologie de la Faim, origine physiologique de la faim*. — *Journal de Psychologie normale et pathologique*, juillet-août 1910, juillet-août 1911, IV, V.

SEVIN MEYER. — *La pathologie du sentiment de la faim*. — *Analyse in Rev. Neurol.* 1911, n° 13, p. 20.

BEAUNIS. — *Les sensations Internes*, p. 24-35.

SCHIFF. — *Leçons sur la digestion I.*, p. 30-58.

ANOREXIE

NAUDEAU. — *Observation sur une maladie nerveuse accompagnée d'un dégoût extraordinaire pour les aliments*. — *Journal de Médecine, Chirurgie et Pharmacie*. Paris, 1789.

BRIQUET. — *Traité de l'Hystérie* 1859, p. 256.

Brugnoli A. — *Sull anoressia storie considerazioni.* — *Mem. Acad. des Sci. di Bologna* 1871.

Gull. — *Anorexia Nervosa.* — *Tr. Clinical Society.* London 1874, VII, 22-28.

Lasègue. — *De l'anorexie hystérique.* — *Archives Générales de Médecine,* 21 avril 1870. T. XXI. 4me série, p. 385-403. *Etudes Médicales* 1884. T. II, p. 45.

Béhier. — *Anorexie.* — Dictionnaire Dechambre 1876.

Rist. — *Observation d'anorexie idiopathique.* — *Bull. Soc. Méd. de la Suisse romande.* Lausanne, 1878.

Dowse T.-S. — *Anorexie Nervosa.* — *Méd. Press.* London, 1881, m. XXXII, 95, 147.

Astles II.-E. — *Anorexie in Young Girls unaccompanied vith visceral disease.* — Proc. South Austral Branch. *Brit. Med. Asso.* Adelaïde 1882, 31.

Deniau. — *De l'hystérie gastrique.* — Thèse Paris, 1883.

Huchard et Axenfeld. — *Traité des Névroses.* Paris, 1883.

De Fleury M. — *Grands Symptômes Neurasthéniques.* Paris, 1884.

Debove. — *Recherches expérimentales sur l'hystérie. Anorexie. Inanition, boulimie.* — *Société Méd. des Hôpitaux,* 1885. — *Gazette des Hôpitaux,* 1885, p. 299.

Balestre. — *Délire par inanition.* — *Thèse d'agrégation,* 1885.

Leven. — *La névrose,* 1887.

CHARCOT. — *Leçons sur les mal. du syst. nerv.* T. III, 1887, p. 240.

GULL. — The Lancet, 1888, I,, p. 516.

MACKENZIE. — The Lancet, 1888, p. 613.

PLAYFAIR W.-S. — The Lancet, 1888, p. 817.

EDGE. — *A fatal case of anorexie.* — The Lancet, 1888, p. 818.

GILLES DE LA TOURETTE. — *La nutrition dans l'hystérie*, Paris, 1890.

SOLLIER. — *Anorexie hystérique (sitiergie).* — *Revue de médecine*, 1891, t. XI, p. 625.

WALLET. — *Deux cas d'anorexie hystérique.* — *Nouvelle Iconog. de la Salpêtrière*, 1892, t. V, N° 5, p. 276.

JANET P. — *Etat mental des hystériques.* Bibliothèque Charcot-Debove, p. 245, 1892.

STICHL A. — *Anorexie mentale.* — *Neuropathogischen Studien Stuttgard*, 1892, 65-67.

FÉRÉ. — *Anorexie des jeunes filles.* — *Pathologie des émotions*, p. 84.

CARYOPHILIS. — *Complexus symptomatique constitué par de l'aphagie, alalie, astasie, abasie, guéri par la suggestion forcée.* — *Progrès médical*, N° 40, 1er octobre 1892, p. 241.

BOUVERET. — *Anorexie hystérique. Traité des maladies de l'estomac*, Paris, 1893, p. 655.

BRISSAUD ET SOUQUES. — *Délire de maigreur chez une hystérique.* — *Nouv. Icono. de la Sal.*, 1894, p. 327.

Kissel. — *Anorexia nervosa in a girl 11 years old*, 1894. — *Anal. in Rev. Neuro.*, 15 octobre 1894. N° 19, p. 575. — *Méd. Obozr. Mosk.* 1894, t. XIII, 410-416.

Ruato. — *La digestion chez les sitiophobes.* — Congrès international de médecine. Rome, 1894. — *Anal. in Revista Sperim. de fenetria di med. leg.* Vol. XX, 2 fasc.

Sollier. — *L'anorexie mentale.* — Comptes rendus du congrès des médecins aliénistes et neurologistes, 6° session, Bordeaux, 1895, p. 360. — *Journal de méd. de Bordeaux*, 1895, XXV, 429-439.

Inches P. R. — *Anorexia nervosa.* — *Maritime méd. News, Halifax*, 1895, t. VII, 73-75.

Seltmann O. — *Anorexie cérébrale.* — *Centralblatt. f. innere méd.*, 2 mars 1895, p. 227. — *Anal. in J. of. nerv. Mental disease*, juin 1895, p. 383.

Stephens L. — *Case of. anorexia nervosa : necropsy.* — *The Lancet*, London, 1895, p. 31.

Marshall. — *A Fatal case of. anorexia nervosa.* — *The Lancet*, London, 1895, p. 149.

Gilles de la Tourette. — *Traité de l'hystérie*, t. III, p. 283, 1895.

Debove. — *Anorexie.* — *Progrès médical*, N° 42, 19 octobre 1895.

Ch. Richet. — *Jusqu'ou dans l'état nerveux hystérique peut aller la privation d'aliments.* — Commun. à la Société de Biologie, 2 novembre 1896. — *Anal. in Rev. Neuro.* 1897, p. 613.

S. Dubois (de Saujon). — *Traitement de l'anorexie hystérique par les injections hypodermiques de morphine.* — *Progrès médical*, 1896, N° 8.

Sollier. — *Psychopathies gastriques. Comptes rendus du Congrès de Nancy*, 1896, ol. II, p. 380.

Tournier. — *Vomissements et anorexie hystérique.* — *Soc. méd. de Lyon*, 19 juillet 1897.

Sollier. — *Génèse et nature de l'hystérie*, 1897, t. I, p. 182.

Kissel. — *Anorexie hystérique grave. Guérison.* — *Archiv. fur Kindereil K.* Vol XXV, fasc. 5-6, 1898.

P. Janet et Raymond. — *Névroses et Idées fixes*, 1898, t. II, p. 501.

Lassignardie. — *Essai sur l'état mental dans l'abstinence.* — *Thèse Bordeaux*, 1898.

Herzog. — *Sur la dépendance de certaines névroses et psychoses des affections gastro-intestinales.* — *Archiv. für Psych.* XXXI, 1, 2, 1898. — *Anal. in Rev. di path. nerv. e mental.*, 1898, 11.

Soupault. — *Sur un cas de Boulimie.* — *Gaz. des Hôpitaux*, 20 décembre 1898, p. 1342.

X... — *Anorexie hystérique.* — *Comptes rendus de l'Hôpital d'enfants Saint-Olga.* — *Moscou* 1899. — *Arch. de méd. des enfants*, Paris, 1899, p. 762-63.

Gasne G. — *Un cas d'anorexie hystérique.* — *Nouv. Icono. de la Sal.* Fasc. I, 1900, p. 51.

Mathieu Albert. — *Traité des maladies de l'estomac et de l'intestin*, 1901.

Raymond. — *Anorexie hystérique et anorexie mentale.*

Journal de méd. Int. 1er septembre 1902, N° 17, p. 166. — *Anal in Rev neurol.* 103, p. 277.

PITRES ET RÉGIS.— *Obsessions et impulsions,* 1902.

CHAFFEY. — *Case of. anorexia nervosa.* — *Rep. Soc. Study. Dis. child.,* London, 1902, 3, III, p. 257.

RAYMOND. — *Anorexie hystérique.* — *Journal de méd. interne,* 15 octobre 1902, p. 194.

FERNET. — *Amaigrissement extrème et mort par inanition.* — *Bull. de la Société méd. des Hôpitaux,* Paris, 1902, p. 1361.

PRON. — *Influence de l'estomac sur l'état mental et les fonctions psychiques,* in-18, 1903, Rousset, Paris. — *Anal. in* 1° *Rev. de Psychiatrie,* mai 1904, N° 5 ; 2° *Journal de Psychiatrie normale et path.* N° 4, 1904, p. 401 ; 3° *Chronique méd.,* 15 mars 1904, p. 204.

LEGENDRE. — *Les anorexies et leur traitement.* — *Journal de méd. int.,* Paris, 103, 1, 5.

P. JANET. — *L'obsession de la honte du corps.* — *Les obsessions et la Psychasthénie.* t. I, p. 33, 328, 1903.

MATHIEU (Alb) et ROUX (Ch.). — *L'inanition chez les dyspeptiques et les nerveux.* — *Collection des aides mémoires de Leauté,* 1903.

MANGELSDORF. — *Troubles gastriques d'origine nerveuse.* — *Berliner Klinische Wochenschr.* 2 novembre 1903. — *Rev. neurol ,* 29 février 1904, p. 179.

P. DUBOIS (DE BERNE). — *Anorexie mentale. Les Psy-*

chônévroses et leur traitement moral. Leçon XX, 1904.

DANCOURT. — Manifestations gastriques de l'hystérie, chez l'enfant. Thèse, Lille, 1904-05.

TOUPET ET LEBRET. — Délire d'Inanition. — Presse méd., 1er octobre 1904, p. 625. — Rev. neurol., 15 décembre 1904, p. 1178.

TAYLOR (S.). — Case of. anorexia nervosa. — West. Lond. M. J. 1904, IX, 204-207, 110-112.

MOURA. — Anorexie hystérique. — Revista médica de Sao Paulo, 15 novembre 1904, N° XXI.

BUVAT. — L'anorexie psychasthénique. — Gaz. des Hôpitaux, N° 54, 11 mai 1905, p. 639. — Anal. in Rev. Neurol., 30 septembre 1905, p. 950.

FÉRÉ (C.). — A propos du rôle pathogène de la simulation.

GIROU (M.). — Anorexie, suite d'arrêt volontaire de l'alimentation. — Rev. Neurol., 1905, p. 144.

OSTHEIMER (M.). — A note up anorexia in infants in hot weather. — Proc. Phila. C° M. Soc. Phila., 1905-06, t. XXVI, p. 296.

KNAPP (M. J.). — The nature and cause of. hunger, appetite and anorexia. .. American Medecine Phila, 1905, 353-59.

CHARCOT, BOUCHARD, BRISSAUD. — Path. Int., 2e édit., 1905.

KEMP-COLEMAN (Robert). — Some observations on the relations of the gastrointestinal tract to nervous and mental diseases. — Transactions of the ame-

rican médico-Psychological Association, vol. 12,
p. 307, 1905.

RAYMOND. — Anorexie hystérique. — Journal de med.
et de chirurgie prat., 10 septembre 1905, p. 646,
art. 20846.

DÉJERINE et GAUCKLER. — Les Faux Gastropathes. —
Presse méd. N° 25, p. 193, 25 mars 1906. — Rev.
Neurol., p. 665, 1906.

DÉJERINE et GAUCKLER. — Les fausses gastropathies,
leur diagnostic et leur traitement. — Presse méd.
31 mars 1906, N° 26, p. 203. — Rev. Neur., 1906,
p. 665.

RICHET (Ch.). — Effets reconstituants de la viande crue
après le jeune, C. R., 522-24, 1906.

FRIEDLANDER (A.). — A case of anorexia nervosa. —
Interstate M. J. St-Louis, 1906. XIII, p. 446-449.

NOBÉCOURT ET MERKLEN. — Anorexie nerveuse. — Bull.
de la Soc. de Pédiatrie, 15 mai 1906.

DREYFUS. — L'inanition dans le cours des mal. ment.
et ses causes. — Neurol. Centralblatt, 1907, n° 15,
p. 34.

LAPORTE. — L'Anorexie mentale. — Méd. Mod., 6 novembre 1907.

GILBERT BALLET. — Anorexie Mentale. — Médecine
mod., 1907, p. 255. — Rev. Générale de Clinique
et de Thérapeutique 1907, p. 293.

DÉJERINE ET GAUCKLER. — La réducation des faux gastropathes. — Presse Méd. 8 avr. 1908, p. 225.

PLICQUE (A.-F.). — *Le traitement des anorexies.* — *Bull. Méd.*, Paris, 1908, XXII, 1059.

BOULADE PERIGOIS. — *Anorexie nerveuse chez une fillette de 9 ans.* — *Arch. de méd. des enfants*, 1908, p. 827-36.

COMBY. — *Arch. de Méd. des Enfants* 1908, p. 562.

FORCHHEIMER (F.). — *Anorexia nervosa in children.* — *Tr. am. Pediat. Soc.* 1907-08. — *Anal. in Arch. de Med. des Enfants*, 1908, p. 571.

CROZER-GRIFFITH. — *A case of anorexia nervosa in infant.* — *Arch. of. Pediat. N.-York. May*, 1908. — *Anal. in Arch. de Med. des Enfants*, 1908, p. 572.

FILLIOZAT. — *Considérat. sur l'insuffisance d'alimentation chez le nourrisson.* Thèse de Paris, 1908-09.

ANDRÉ THOMAS. — *Anorexie mentale.* — *La Clinique*, 15 janv. 1909, p. 33.

HUTINEL. — *Anorexie mentale.* — *Rev. Générale de Clinique et de Thérap.* 1909, 358-60.

BÉRILLON. — *Anorexie mentale.* — *Rev. de l'hypno et de psych. physiol.*, août 1909, p. 46-49.

STERNBERG (W.). — *Die appetit und die appetit losigkeit.* — *Zeitschrift für Klinische Medizin.* 1909, XXVIII, s. 434.

COMBY (J.). — *Anorexie nerveuse. Arch. de Med. des Enfants*, Paris 1909, 926-28.

GILBERT BALLET. — *L'anorexie mentale.* — *Etoile Médicale*, 30 mars 1909, p. 41.

TARRIUS. — *Anorexie mentale. Maigreur Extrême.* — *Med. Pratique*, janv. 1910, p. 2.

LEGENDRE. — *Les Principaux moyens de combattre l'anorexie.* — Med. Moderne, 1910, XXI, 281-283.

CARR (J.-W.). — *Case of anorexia nervous.* — Proc. Roy. Soc. Med. Lond. 1910-11, IV. Sect. Stud. Dis. Child, 80.

SOLLIER (PAUL). — *Les anorexies nerveuses.* — Journal de Neurologie. Bruxelles, 1910. N° 11, 201-210.

BLUM. — *Anorexie mentale.* — Province Médicale, n° 25, 18 juin 1910, page 277.

DÉJERINE ET GAUCKLER. — *L'anorexie mentale.* — Les Manifestations fonctionnelles des Psychonévroses, 1911. Chap. I.

BAUER. — *Anorexie.* — Pratique Médico-Chirurgicale, 1911.

P. MARIE. — *La Pratique Neurologique,* 1911, p. 1003.

BREGY. — *Isolement.* — Pratique Medico-Chirurgicale, 1911.

POIX. — *Anorexie mentale.* — Arch. Med. d'Angers, 20 mai 1911.

P. JANET. — *L'état mental des hystériques.* — Trav. du laborat. de Psych. de la Clinique de la Salpêtrière, 1911.

BUFFET-DELMAS. — *Anorexie mentale chez un nourrisson.* — Arch. de Med. des Enf. 1912, p. 180.

BRELET. — *Anorexie Mentale.* — Gazette des Hôpitaux, n° 141, 10 décembre 1912.

KAMAL (MOHAMED SAMY). — *Anorexie mentale.* Thèse Lyon, 1911. — Anal. in Rev. Neurol. 1912, n° 3, p. 299.

MATHIEU (A.). — *La Psychothérapie chez les dyspeptiques. — Journal des Praticiens*, 10 août 1912,
p. 500.

X... — *Les gastropathies nerveuses. — Le monde médical*, N° 477, 25 février 1913.

L. SCHNYDER. — *Les anorexies de la puberté. — Rev.
méd. de la suisse romande*, t. XXXIII, N° 3, 20
mars 1913, p. 241 et suiv. — *Anal, in Presse med.*
5 avril 1913, N° 28, p. 282.

LOUYER VILLERMAY. — *Traité des maladies nerveuses.*

BARADUC. — *Etude des affections nerveuses.*

BOUCHARD. — *Pathologie générale.*

SÉGLAS. — *Leçons cliniques sur les maladies mentales*, p. 131.

CERISE. — *Fonctions et maladies nerveuses.*

GAUCHER, COMBY, MARFAN. — *Traité des maladies des
enfants.*

HUTINEL ET BABONNEIX. — *Les maladies des enfants.*

Toulouse. — Ch. DIRION, libraire-éditeur, rue de Metz, 22

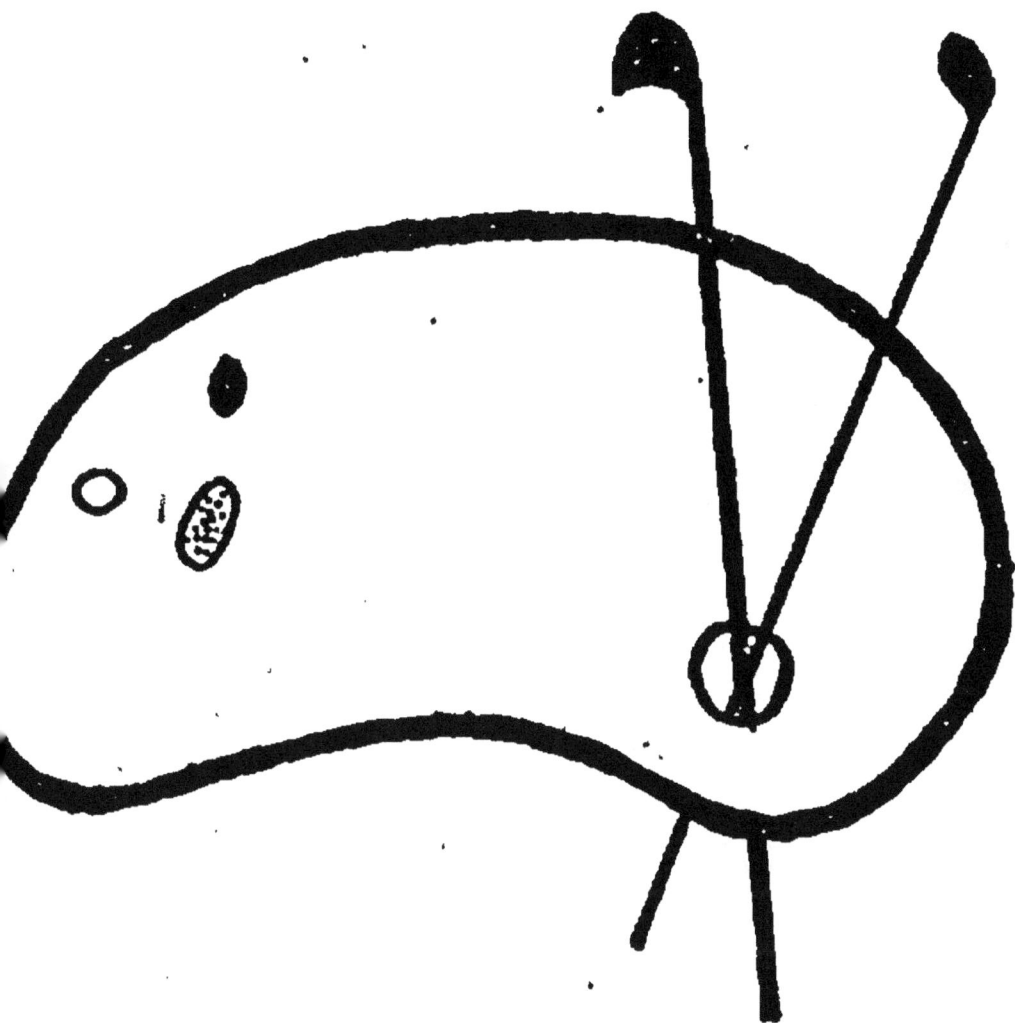

www.ingramcontent.com/pod-product-compliance
Lightning Source LLC
Chambersburg PA
CBHW070810270326
41927CB00010B/2375